Hans Wiblishauser
Der Dobermann

Herausgegeben unter dem Patronat des
Verbandes für das Deutsche Hundewesen e. V.
44141 Dortmund

Hans Wiblishauser

Der Dobermann

Praktische Ratschläge für Haltung, Pflege und Erziehung

7., neubearbeitete Auflage
Mit 37 Abbildungen, davon 30 farbig

Parey Buchverlag Berlin 1997

Parey-Buchverlag im
Blackwell Wissenschafts-Verlag
Kurfürstendamm 57, D-10707 Berlin

Das Kapitel „Gesundheit“ wurde von Dr. med. vet. Peter Brehm verfaßt; das Kapitel „Ernährung“ von Dipl. vet. med. Lutz Salomon.

Die Deutsche Bibliothek – CIP-Einheitsaufnahme

Der **Dobermann** : praktische Ratschläge für Haltung, Pflege und Erziehung / Hans Wiblishauser. [Das Kap. „Gesundheit“ wurde von Peter Brehm verf., das Kap. „Ernährung“ von Lutz Salomon.] – 7., neubearb. Aufl. – Berlin : Parey, 1997
(Dein Hund)
ISBN 3-8263-8460-1

Einbandgestaltung: Rudolf Hübler, Berlin, unter Verwendung einer Abbildung aus dem Besitz des Verfassers.

Satz und Repro: Type-Design, Berlin
Druck und Bindung: Grafos S.A., Arte sobre papel, Barcelona

Gedruckt auf chlorfrei gebleichtem Papier

Printed in Spain • ISBN 3-8263-8460-1

Vorwort

Dieses Buch soll dazu beitragen, sowohl Hundeliebhaber mit einigen wissenswerten Erkenntnissen vertraut zu machen als auch Neulinge auf dem Gebiet der Hundehaltung und des Hundesports zu informieren. Die Möglichkeiten, sich mit dem beliebten und treuen tierischen Gefährten des Menschen zu beschäftigen, sind so vielseitig, daß sie in dieser unpersönlichen, hochtechnisierten und oft gegen die Natur eingestellten Welt eine Bereicherung unseres Lebens darstellen. Wir sind in der glücklichen Lage, aus einer Vielzahl von Hunderassen die für uns am geeignetsten erscheinende auszuwählen. Das ist ein nicht zu unterschätzendes Verdienst unzähliger Hundefreunde in aller Welt.

Wenn ich Sie hier mit einer ganz besonderen Rasse, nämlich dem Dobermann, näher bekannt mache, so geschieht das nicht, um den übrigen Vertretern der Haushunde Fähigkeiten und rassebedingte schätzenswerte Eigenschaften abzusprechen. Vielmehr soll jeder für seinen Geschmack und nach den Anforderungen, die er an seinen vierbeinigen Freund stellt, entscheiden, „wie er auf den Hund kommt“.

Alles, was in diesem Buch behandelt wird, ist praxisbezogen, man könnte sagen, es stellt eine kleine „Dobermannkunde“ dar. Sie möge unserem Hund neue Freunde gewinnen und bestehende Freundschaften vertiefen zum Wohle unseres Hundes und als mögliche Erleichterung für seinen Herrn im Umgang mit ihm. Die Dobermannrasse ist aus deutscher Züchtungskunst hervorgegangen und hat auf dem ganzen Erdball ihre Bewunderer gefunden.

Dieses Buch stellt kein kynologisches Fachbuch dar, es geht allgemein auf das Wesentliche ein, und alle Kapitel haben nur den Sinn, zusammenfassend das aufzuzeigen, was dem Autor für seine Leser interessant und wichtig erscheint. Wenn dieser Band dazu beiträgt, Freunde für eine Rasse zu gewinnen, die es verdient, geachtet und gefördert zu werden und von der man, hat man sich einmal richtig mit ihr befaßt, so leicht nicht mehr loskommt, so ist der Sinn dieser Arbeit erreicht.

Pliening bei München, im Frühjahr 1997 — Hans Wiblishauser

Pedigree PAL
ADVANCE FORMULA
FORMULA QUALITY STANDARD
JUNIOR 1
JUNIOR 2
LIGHT
SENSITIVE
ENERGY
ADULT
FQS

Inhalt

Dobermann – die Entstehungsgeschichte einer Erfolgsrasse

Am Anfang war der Wolf. Die Geschichtsforscher und Zoologen sind sich darüber im klaren, daß alle Caniden ihren Ursprung in einem wolfsartigen Lebewesen haben. Da es auch verschiedene Formen oder, besser gesagt, Arten von Wölfen gab und auch noch gibt, die sich in Gestalt und Farbe stark voneinander unterscheiden und sich jeweils ihrer Umgebung und ihrem Lebensraum anpaßten, entstanden mannigfaltige Kreuzungsprodukte. Die Wölfe im Norden Alaskas erreichen fast eine Schulterhöhe von einem Meter, während sie im tropischen Indien höchstens 60 cm hoch werden. Diese Wolfsarten, von Wuchs und Farbe sehr unterschiedlich, haben durch Kreuzungen Mutationen hervorgebracht, die den Grundstoff für unsere heutigen Rassehunde bilden. Wenn wir aber auf die Entstehung der sich nun in der Folgezeit von Millionen von Jahren entwickelten hundeähnlichen Raubtiere verweisen, so sind wir hier im wesentlichen auf die Aufzeich-

Dobermann um die Jahrhundertwende

nungen von Wissenschaftlern und Geschichtsschreibern sowie auf prähistorische Knochenfunde angewiesen.

Erst mit dem Beginn der Domestikation entwickelten sich dann einzelne Rassen, die im Verlauf der Zeit durch gezielte Züchtung in ihrer jeweiligen Eigenart gefestigt wurden.

Genauere Aufzeichnungen über planmäßige Hundezucht wurden meist erst Ende des 19. und zu Beginn des 20. Jahrhunderts von speziell interessierten Züchtern und Förderern der Rasse getätigt.

Sicher ist, daß eine Züchtung von Hunden in der Anfangszeit nur nach den Gesichtspunkten der Zweckmäßigkeit erfolgte, wie zum Beispiel zur Jagd, zum Anzeigen von Gefahren durch Raubtiere, zum Treiben und Bewachen von Herden und später zum Schutze der Menschen vor ihren Feinden. Bis zum Züchten von Hunderassen aus Liebhaberei oder aus Modetendenzen war es ein weiter Weg. Die Verbindung Mensch und Hund zu einer Gemeinschaft des „Nebeneinanderlebens“ dürfte bis in die Steinzeit, etwa 8000 bis 10 000 v. Chr., reichen.

Man kann also davon ausgehen, daß die Urahnen unseres Dobermanns im Dschungel Indiens, Südamerikas oder auch in den eisigen Kälten Alaskas ihrer Beute nachjagten. Doch zeichneten sich diese Hunde dort weniger durch klangvolle Namen und hochdekorierte Ahnentafeln aus als vielmehr durch physische Eigenschaften und Vorzüge im Wesen. Ihrem instinktiven Willen zur Fortpflanzung und vor allem zum Überleben verdanken wir heute auch unseren herrlichen und stolzen Dobermann.

Dobermann – ein Name, der für Nichtkenner der Rasse auf alles andere deutet als auf eine der besten und ausdauerndsten Gebrauchshunderassen der Welt, voller Eleganz und Ästhetik. Der Dobermann stellt eine urdeutsche Züchtung dar, hervorgegangen aus den Dobermannschen Hunden, welche benannt sind nach dem ersten Züchter Friedrich Louis Dobermann, geboren am 2. Januar 1834 und beheimatet in Apolda/Thüringen. Als „Erfinder“ der Rasse züchtete oder, besser gesagt, experimentierte er mit einigen Hunderassen. Zur damaligen Zeit vom Rechnungsamt Niederrosslar/Apolda als Steuereintreiber eingesetzt, benötigte er zu seinem Schutze und zur Sicherung großer Geldbeträge, die er oft zwangsläufig mit sich führte, scharfe und wendige Hunde. Weitere Aufzeichnungen sagen aus, daß sich F. L. Dobermann ebenfalls als städtischer Hundefänger betätigte und auch die städtische Abdeckerei verwaltete. Wie dem auch sei und wenngleich über einige Überlieferungen in dieser Richtung kein Nachweis geführt werden kann, so runden doch alle diese Aussagen das Bild über F. L. Dobermann dahingehend ab, daß er es war, der sich als erster mit der Züchtung dieser pinscherartigen Hunde befaßte.

Die Dobermannschen Hunde, später auch Dobermannpinscher genannt, wurden zum großen Teil aus rasselosen Hunden, die auf dem Hundemarkt in Apolda feilgeboten wurden, gezüchtet. Zu diesem Hundemarkt muß man noch bemerken, daß er alljährlich in der Zeit um Pfingsten in Apolda, einer Stadt mit etwa 20 000 Einwohnern, abgehalten wurde. Es wurden dort Hunde angeboten, die vorwiegend ihren Dienst bei Schäfern und Jägern sowie zur Bewachung von Gehöften versahen. Wenn auch keine Rassehunde im heutigen Sinne, waren es doch Hunde aller Formen, die man dort kaufen konnte. Auf diesem Hundemarkt also, der einem Volksfest sehr ähnelte, trafen sich nicht nur Interessenten für unsere vierbeinigen Freunde, sondern auch Volkstrachtengruppen, Studentenverbindungen und fröhliche Gesellschaften. Es ist also naheliegend, daß sowohl Verkäufer als auch Käufer nur ein Ziel im Auge hatten: möglichst Hunde mit guten Eigenschaften feilzubieten und zu erwerben.

So kann man als Fazit mit Sicherheit behaupten, daß die ersten Dobermänner oder solche, die es werden sollten, auf dem Hundemarkt in Apolda bellten. Ihre besten Erbanlagen

Der Apoldaer Hundemarkt auf einem Notgeldschein der Inflationszeit

pflanzten sich bis in unsere Zeit fort – ganz zu unserer Freude, die wir heute beim Anblick eines edlen Dobermanns empfinden.

Unser Hund gestern und heute

War der Dobermann in den ersten Jahren seiner Entstehung ein etwas grobschlächtiger, von Gestalt beziehungsweise Gebäude her wenig eleganter Hund, so änderte sich das doch sehr bald. Wenn wir Bilder von den Anfängen der Rasse betrachten und sie mit den Zuchtprodukten der heutigen Zeit vergleichen, kann man feststellen, welch weiter Weg auf züchterischem Gebiet zurückgelegt wurde. Es ist unmöglich, nun alle Züchter, die sich zusammen mit Dobermann oder auch nach ihm mit dieser Rasse befaßten, hier aufzuzählen.

Einige Pioniere der Dobermannzucht der Erstzeit muß man jedoch nennen. Otto Göller, der später noch einmal seine Erwähnung findet, trug viel zur Verbesserung der Rasse bei und überlieferte uns einige interessante Details über die anfängliche Entstehungsgeschichte. Goswin Tischler, ebenfalls in Apolda beheimatet, setzte im Jahr 1895 die Anerkennung der Dobermannrasse in Deutschland durch. So soll es an einem kampfstarken Schutz- und Begleithund gefehlt haben, denn auch der damalige Schäferhund wurde hauptsächlich für Hüteaufgaben herangezogen. Entsprechend war wohl auch die Grundidee des Herrn Dobermann zu verstehen, einen scharfen, mannfesten, furchtlosen Schutzhund zu züchten, der sich weder vor Stockhieben fürchtete noch von Schüssen einschüchtern ließ.

Es würde den Rahmen dieses Buches sprengen, hier alle Stationen beziehungsweise Experimente aufzuführen, die zum Erscheinungsbild des heutigen Dobermanns führten. Diese Experimente bestanden im wesentlichen darin, daß durch Einkreuzen verschiedener anderer Hunde Aussehen sowie Wesensgrundlagen zum Vor- oder Nachteil verändert wurden. Oft muß man der verantwortungsbewußten Züchter und Förderer der damaligen Zeit an dieser Stelle gedenken, verstanden sie es doch immer wieder, unserem Hund die Gebrauchseigenschaften zu erhalten und ihn nicht, wie man es heute oft bei verschiedenen Rassen sehen kann, als degeneriertes Statussymbol zu vermarkten, für welches die Geburt schon ein programmiertes Dahinsiechen beinhaltet. Interessant zu hören ist vielleicht noch, daß selbst in den Anfängen der Zucht die Kreuzungsprodukte bereits an den Ohren beziehungsweise an der Rute kupiert waren.

Charaktereigenschaften

Der Dobermann, eine Dienst- und Gebrauchshundrasse mit besten Eigenschaften in bezug auf Wesen und äußerem Erscheinungsbild, könnte man als das Vollblut, das Rennpferd unter den acht Gebrauchshundrassen bezeichnen. Sein Mut, sein Kampf- und Schutztrieb einerseits ist ebenso unstrittig wie seine Anhänglichkeit, Zutraulichkeit, Kinderfreundlichkeit und Führigkeit auf der anderen Seite. Speziell diese wichtigen Wesensmerkmale qualifizieren ihn in ganz besonderem Maße zur Ausbildung als Schutz- und Begleithund für den Menschen. Er wird auf den vielfältigsten Gebieten eingesetzt, zum Beispiel als Blindenführhund, im Rettungswesen, als Lawinensuchhund, als Wach- und Schutzhund im Polizeidienst sowie als Führhund für den Gebrauchshundsportler.

Wenn der Dobermann in der Ausbildung mitunter auch etwas eigenwilliger ist als beispielsweise der im allgemeinen doch recht führige und lernwillige Schäferhund, so steht er diesem bezüglich der Lernfähigkeit aber in nichts nach. Als Läufer ist unser Dobermann wesentlich schneller und ausdauernder als die Hunde der anderen Gebrauchshundrassen, und er wird dank seiner Gewandtheit mit jeder Bo-

Ein Dobermann mit seiner Besitzerin, der Schriftstellerin Elizabeth Craig, auf einer Hundeausstellung in London, 1933

denbeschaffenheit, sei es nun Acker, Moor, Düne oder auch Fels, hervorragend fertig. Insgesamt machen diese im Wesen verankerten Anlagen unseren Dobermann zum idealen Leistungshund. Er ist von Natur aus treu und unbestechlich. Seine anfängliche Zurückhaltung Fremden gegenüber schlägt schnell in Freundlichkeit und Zutraulichkeit um, sobald er sich davon überzeugt hat, daß es sein Gegenüber gut mit ihm meint. Obwohl er in seiner Art eine robuste, physisch starke Rasse darstellt, ist er doch im Wesen ein sensibler Hund. Er neigt dazu, sich seinem einmal von ihm anerkannten Herrn und „Rudelführer" bedingungslos unterzuordnen und diesen anzuerkennen. In der Regel gilt er als der typische Einmannhund, der seinen Besitzer nicht zu oft wechseln sollte. Er ist selbstverständlich auch im Familienkreis ein verträglicher Hausgenosse und Kinderfreund. Man sollte stets davon ausgehen, daß jeder Hund ein ausgeprägtes Seelenleben hat, und das trifft auf unseren Dobermann in gesteigertem Maße zu.

Es gibt keinen falschen Dobermann!

Ein Tier kann nie von Geburt aus, also von den Wesensanlagen her falsch sein, es kann lediglich falsch erzogen worden sein. Ein Tier wird sich immer so zeigen, wie es seine Umwelt und somit natürlich auch der Mensch geformt hat. Wenn wir das auf unsere Haushunde übertragen, so gilt das natürlich auch für den Dobermann. Wenn man heute noch die Meinung mancher Hundefreunde oder -interessenten hört, daß doch speziell der Dobermann falsch sei und sogar den eigenen Herrn anfalle, so muß man dieser Unrichtigkeit energisch entgegentreten.

Beißer aller Rassen werden vom Menschen geschaffen. Nur durch eine verantwortungsvolle und planmäßige Zucht mit wesensfesten Elterntieren können gesunde und „artgerechte" Hunde hervorkommen. Wer dieses Gerücht über den falschen Dobermann auch immer in die Welt gesetzt hat, ob es generelle Hundefeinde waren oder ob eine vermeintliche Konkurrenz als Gebrauchshundrasse ins schiefe Licht gerückt werden sollte, man wird es nicht mehr klären können.

Es kommen beim Dobermann nicht weniger und nicht mehr Unfälle im Umgang mit Menschen vor als bei jeder anderen Hunderasse. Wenn bedauerlicherweise Menschen durch Hunde doch einmal zu Schaden kommen, so wird das keinesfalls den Nutzen und die Freude aufwiegen, die Millionen von Hundefreunden mit ihren Vierbeinern tagtäglich erleben.

Der Autor verschließt sich im allgemeinen davor, einen Vergleich zwischen Mensch und Tier anzustellen. Doch muß auch einmal die Überlegung angestellt werden, wie viele Ver-

Ein Gebrauchshund voll Eleganz und Ästhetik, das ist der Dobermann

letzungen und Morde an Menschen doch von Menschen verursacht werden und das, obwohl der Mensch doch zweifelsohne als das geistig höchstgestellte Lebewesen gilt. Nur wird jeder auch noch so kleine Unglücksfall, an dem Hunde beteiligt waren, von mitunter hundefeindlichen Massenmedien – seien es Funk oder Presse – hochgespielt und ausgeschlachtet.

Unser Dobermann im Umgang mit Kindern

Wie jeder normal veranlagte Hund ist auch der Dobermann ein Kinderfreund. Um den Hund jedoch auf seine normale Veranlagung hin beurteilen zu können, muß man die Vergangenheit des Tieres unbedingt kennen. Wenn Kinder im Hause sind, ist es daher ratsam, sich einen Welpen oder Junghund anzuschaffen. Wird der 10 bis 16 Wochen alte Junghund von seinen Geschwistern getrennt und kommt in eine neue Umgebung, in der auch Kinder ihren Platz haben, so wird er diese als Spielgefährten schnell akzeptieren. Nur wird er im Zufassen nicht zimperlich sein, und seine nadelspitzen Zähne des Milchgebisses können, ohne daß er es böse meint, doch schon kleinere, aber sehr zahlreiche Verletzungen beziehungsweise Kratzer herbeiführen.

Der Dobermann als kinderfreundlicher Beschützer

Man kann das vermeiden, indem man die Kinder über die Verhaltensweise des Hundes aufklärt und keinesfalls duldet, daß die Kleinen falsch reagieren und dem Welpen negative Erfahrungen im Umgang mit seinen Spielkumpanen vermitteln. Generell sei gesagt, daß Hunde, die vom Welpenalter an Kontakte zu Kindern hatten, ein Leben lang kinderfreundlich bleiben.

Ich werde oft gefragt, was zu tun ist, wenn sich bei einem Ehepaar, das einen Dobermann besitzt, Nachwuchs einstellt. Besteht Gefahr für das Baby? Wie wird der Hund reagieren? Ist es nicht besser, wenn man den Hund weggibt? Ich finde, daß solche Überlegungen und Sorgen meist unbegründet sind. Man muß nur die nötige Vorsicht walten lassen und den Hund die erste Zeit genau beobachten. Ein wesensmäßig normal veranlagter Dobermann wird schnell begreifen, daß es sich hierbei um einen neuen Hausgenossen handelt, der in das „Rudel" aufgenommen wurde. Er wird das neue Familienmitglied akzeptieren, und normalerweise gibt es keine Probleme. Wenn das Tier gut gepflegt und regelmäßig einer Wurmkur unterzogen wird, brauchen die Eltern auch keine Angst davor zu haben, daß vom Hund Würmer oder andere Parasiten auf die Kinder übertragen werden.

Eines möchte ich Ihnen aber noch sagen: Sollten Sie sich einen Hund zulegen wollen, um ihren Kindern Verantwortungsbewußtsein beizubringen, indem die Kleinen die Sorge für den Vierbeiner übernehmen sollen, so funktioniert dieses meist nur anfänglich. Kinder haben nämlich sehr schnell an der Pflege und am täglichen Spaziergang die Freude verloren, wenn das Muß dahintersteht, und so bleibt die Verantwortung doch bei den Eltern.

Standard (Rassekennzeichen)

Wie soll unser Dobermann aussehen? – Was sind Fehler?

Der Dobermann ist eine deutsche Züchtung. Durch die Fédération Cynologique Internationale (FCI) in Brüssel wird Deutschland als das Ursprungsland der Rasse anerkannt. Die der FCI angeschlossene deutsche Dachorganisation, der Verband für das Deutsche Hundewesen (VDH), Dortmund, erkennt als einzige Züchterorganisation für die Rasse den Dobermann-Verein (DV) e. V., Rechtssitz München, an. Der Dobermann-Verein führt das Zuchtbuch der Rasse in Deutschland, das gleichzeitig als das Ursprungs-Zuchtbuch für alle Dobermann-Hunde der Welt gilt.

Nur der Deutsche Standard hat in der Welt und innerhalb der FCI Gültigkeit, auch wenn Clubs in anderen Ländern einen veränderten beziehungsweise ihren eigenen Standard herausgegeben haben.

Die nachfolgende Neufassung des Standards wurde durch den Zuchtausschuß des Dobermann-Vereins im Januar 1991 überarbeitet, beschlossen, anerkannt und bei der Fédération Cynologique Internationale (FCI) in Brüssel in der Gruppe 2 unter Nr. 143 registriert.

Obwohl der Wortlaut des Standards festliegt, kommt es vor, daß er verschiedenartig interpretiert wird. Manche Züchter haben sogar versucht, den Standard dahingehend auszulegen, daß er möglichst auf die Produkte ihres Zwingers paßte. Wenn wir jedoch unser Ziel, einen Hund zu züchten, der dem erstrebten Standard am nächsten kommt, erreichen wollen, so sind solche selbstbetrügerischen Maßnahmen ein großes Hindernis.

Da die Zuchtrichter eine große Mitverantwortung für den Standard einer Rasse tragen, müssen in erster Linie sie eine einheitliche Auffassung von der Auslegung des Standards haben. Hier nun der Wortlaut:

Die Dobermannzucht erstrebt einen mittelgroßen, kräftigen und muskulösen Hund, der trotz aller Substanz in der Linienführung des Körpers Eleganz und Adel erkennen läßt. Er soll sich als Begleit-, Schutz- und Gebrauchshund sowie als Familienhund in besonderem Maße eignen.

Allgemeines Erscheinungsbild
Der Dobermann ist mittelgroß, kräftig und muskulös gebaut. Durch die

elegante Linienführung seines Körpers, die stolze und aufgereckte Haltung, das temperamentvolle Wesen und den Ausdruck von Entschlossenheit entspricht er dem Idealbild eines Hundes der normalen Anatomie.

Wichtige Maßverhältnisse (Proportionen)

Das Gebäude des Dobermanns erscheint fast quadratisch, dies gilt besonders für die Rüden. Die Rumpflänge (Brustbein bis Sitzbeinhöcker) soll die Widerristhöhe bei Rüden um nicht mehr als 5 % und bei den Hündinnen um nicht mehr als 10 % überschreiten.

Wesen

Die Grundstimmung des Dobermanns ist freundlich-friedlich, in der Familie sehr anhänglich und kinderliebend. Gefordert werden ein mittleres Temperament und eine mittlere Schärfe. Weiterhin wird eine mittlere Reizschwelle gefordert. Bei einer guten Führigkeit und Arbeitsfreude ist auf Schutztrieb, Kampftrieb, Mut und Härte zu achten. Auf Selbstsicherheit und Unerschrockenheit ist besonderer Wert zu legen. Angepaßte Aufmerksamkeit gegenüber der Umwelt.

Kopf

Oberkopf. Kräftig, zum Gebäude passend. Von oben gesehen entspricht der Kopf einem stumpfen Keil. Die Querlinie des Scheitels soll von vorne gesehen annähernd waagerecht verlaufen, also nicht zu den Ohren abfallen. Die parallel in Fortsetzung zum Nasenrücken verlaufende Stirnbeinlinie fällt zum Nacken in leichter Rundung ab. Die Augenbrauenbögen sind gut entwickelt, ohne hervorzutreten. Die Stirnfurche ist noch sichtbar. Das Hinterhauptbein soll nicht auffällig sein. Von vorn und oben betrachtet dürfen die Seitenflächen des Kopfes nicht ausladend (backig) wirken. Die seitliche leichte Wölbung des Oberkiefers und der Jochbeine müssen in Harmonie zur Gesamtlänge des Kopfes stehen. Die Muskeln des Kopfes sind kräftig entwickelt.

Stop: Der Stirnabsatz ist geringgradig, aber erkennbar ausgebildet.

Gesichtsschädel

Nase. Nasenkuppe gut ausgebildet, mehr breit als rund und mit großen Öffnungen, ohne insgesamt hervorzutreten. Bei schwarzen Hunden ist sie schwarz, bei braunen und blauen entsprechend mit einer helleren Tönung angepaßt.

Der Fang muß im richtigen Verhältnis zum Oberkopf stehen und kräftig entwickelt sein; er ist tief, die Mundspalte soll weit bis zu den Molaren reichen.

Eine gute Fangbreite muß auch im Bereich der oberen und unteren Schneidezähne vorhanden sein.

Die Lefzen sollen fest und glatt an den Kiefern liegen und einen straffen

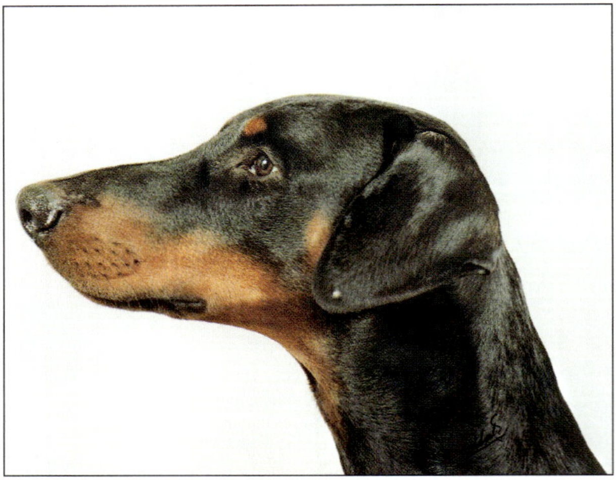

Kopfstudie

Verschluß der Mundspalte gewährleisten; dunkle Pigmentierung, bei braun und blau etwas hellere Tönung.

Kiefer/Gebiß/Zähne. Kräftiger, breiter Ober- und Unterkiefer, Scherengebiß, 42 Zähne entsprechend dem Zahnschema, normale Größe.

Die Augen sind mittelgroß und oval und von dunkler Farbe. Bei braunen und blauen Hunden ist eine etwas hellere Tönung erlaubt. Gut anliegende Augenlider, Lidrand behaart.

Das hoch angesetzte **Ohr** wird aufrecht getragen und ist auf eine Länge im Verhältnis zum Kopf geschnitten. Soweit in einem Land (z. B. Deutschland) Kupierverbot besteht, wird gleichrangig das unkupierte Ohr anerkannt. (Gewünscht mittelgroß und mit dem vorderen Rand gut an den Wangen anliegend.)

Im Verhältnis zum Körper und Kopf ist der **Hals** von guter Länge. Er ist trocken und muskulös, die Linienführung aufsteigend und gefällig gebogen. Seine Haltung ist aufrecht und zeigt viel Adel.

Körper

Der Widerrist soll besonders bei den Rüden in Höhe und Länge hervortreten und dadurch der Rückenlinie den von der Kruppe her ansteigenden Verlauf bestimmen.

Der Rücken ist kurz und fest. Die Rücken- und Lendenpartie sind von guter Breite und gut bemuskelt. Die Hündin kann in der Lendenpartie etwas länger sein, da sie für das Gesäuge Platz benötigt.

Die Kruppe soll vom Kreuzbein in Richtung Rutenansatz geringgradig, al-

1 Betonte Backenbildung bzw. zu breiter Oberkopf.
2 Der formvollendete, standardgemäße Keilkopf unseres Dobermanns.
3 Das ideale Kopfprofil mit parallel verlaufender Nasen- und Stirnbeinlinie.
4 Nasen- und Stirnbeinlinie nicht parallel, gebogener Nasenrücken (Ramsung).
5 Nasen- und Stirnbein zeigen eine starke Ramsung, Stirnabsatz fehlt völlig.
6 Kurzer Kopf mit unschöner, starker Stirnbeinwölbung.

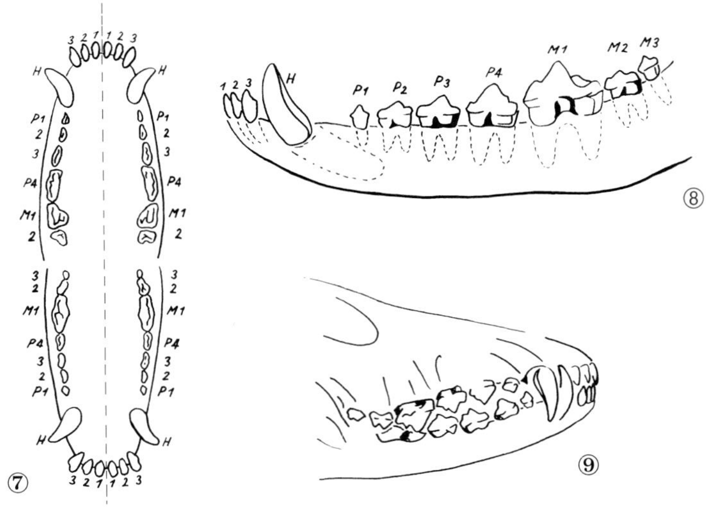

7 *Zahnschema des Dobermanns im Ober- und Unterkiefer: 1–3 = Schneidezähne, H = Haken- oder Fangzähne, M1–3 = Molare.*
8 *Zähne des Unterkiefers (halbseitig): 1–3 = Schneidezähne, H = Haken- oder Fangzähne, P1–4 = Prämolare, M1–3 = Molare (M1 = Reißzahn). Man beachte, daß im Unterkiefer ein Molar mehr veranlagt ist.*
9 *Vorbildlicher Gebißschluß.*

so kaum wahrnehmbar abfallen; wirkt somit gut abgerundet, ist weder gerade noch abfallend; gute Breite mit starker Muskulatur.

Die Brustlänge und **-tiefe** muß im richtigen Verhältnis zur Rumpflänge stehen, dabei soll die Tiefe mit leicht gewölbten Rippen annähernd die Hälfte der Widerristhöhe erreichen. Die Brust ist von guter Breite und nach vorn besonders ausgeprägt (Vorbrust).

Bauchlinie. Vom Ende des Brustbeins zum Becken ist die Bauchdecke deutlich aufgezogen.

Die Rute ist hoch angesetzt und kurz kupiert, wobei zwei Rutenwirbel sichtbar erhalten bleiben. Bei den Rüden müssen beide Hoden, normal entwickelt, sich sichtbar im Skrotum (Hodensack) befinden.

Gliedmaßen

Die Vorderläufe stehen von allen Seiten gesehen fast gerade, d. h. senkrecht zum Boden und sind kräftig ausgebildet.

Das Schulterblatt liegt fest am Brustkorb an, ist beiderseits der Schulter-

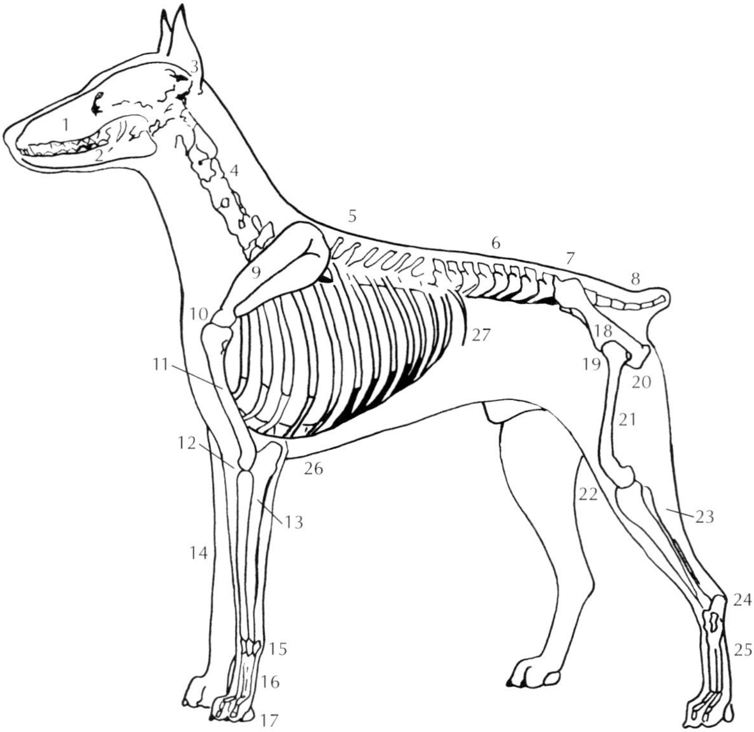

1 *Oberkiefer*
2 *Unterkiefer*
3 *Hinterhauptbein*
4 *Halswirbel*
5 *Brustwirbel*
6 *Lendenwirbel*
7 *Kreuzbein*
8 *Schwanzwirbel*
9 *Schulterblatt*
10 *Schultergelenk*
11 *Oberarmbein*
12 *Elle*
13 *Ellenbogenbein*
14 *Speiche*
15 *Vorderfußwurzelgelenk*
16 *Vordermittelfußknochen*
17 *Zehenknochen*
18 *Becken*
19 *Hüftgelenk (Bei HD Verflachtung der Pfanne des Beckens, so daß die Kugel des Oberschenkels zu wenig Halt findet.)*
20 *Sitzbein und Sitzbeinhöcker*
21 *Oberschenkel*
22 *Kniegelenk*
23 *Unterschenkel (Schien- und Wadenbein)*
24 *Sprunggelenk*
25 *Hintermittelfußknochen*
26 *Brustbein mit wahren Rippen*
27 *Falsche Rippen*

Skelett

blattgrate gut bemuskelt und überragt oben die Dornfortsätze der Brustwirbel. Möglichst schräg und gut zurückgelagert, der Winkel zur Waagerechten beträgt ca. 50°.

Oberarm. Gute Länge mit guter Bemuskelung, Winkel zum Schulterblatt etwa 105°–110°.

Ellenbogen. Gut anliegend, nicht ausdrehend.

Unterarm. Kräftig und gerade, gute Bemuskelung. Länge in Harmonie zum Gesamtkörper.

Vorderfußwurzelgelenk. Kräftig.

Vordermittelfuß. Knochen kräftig, von vorn gesehen gerade, von der Seite nur angedeutete Schrägstellung (höchstens 10°).

Die Vorderpfoten sind kurz und geschlossen. Die Zehen sind nach oben gewölbt (Katzenpfoten), Nägel kurz, schwarz.

Von hinten betrachtet wirkt der Dobermann auf Grund seiner ausgeprägten Beckenmuskulatur in Hüfte und Kruppe breit und abgerundet. Die vom Becken zum Ober- und Unterschenkel verlaufenden Muskeln er-

DV-Siegerin 1993 Jamaha Royal Bell

geben eine gute Breitenentwicklung auch im Oberschenkelbereich, in der Kniegegend und am Unterschenkel. Die kräftigen Hinterläufe sind gerade und stehen parallel.

Oberschenkel. Gute Länge und Breite mit starker Bemuskelung. Gute Winkelung am Hüftgelenk. Winkelung zur Horizontalen etwa 80°–85°.

Knie. Das Kniegelenk ist kräftig und wird vom Ober- und Unterschenkel sowie der Kniescheibe gebildet. Der Kniewinkel beträgt etwa 130°.

Unterschenkel. Mittellang, in Harmonie zur Gesamtlänge der Hinterhand.

Sprunggelenk. Mittelkräftig, parallel. Die Unterschenkelknochen verbinden sich im Sprunggelenk mit dem Mittelfußknochen (ca. 140°).

Der Hintermittelfuß ist kurz und steht senkrecht zum Boden.

Hinterpfoten. Wie die Vorderpfoten sind auch die Zehen der hinteren Gliedmaßen kurz, gewölbt und geschlossen. Nägel kurz, schwarz.

Das Gangwerk ist sowohl für die Leistungsfähigkeit, wie auch für das Exterieur von besonderer Bedeutung. Der Gang ist elastisch, elegant, wendig, frei und raumgreifend. Die Vorderbeine schwingen möglichst weit vor. Die Hinterhand gibt weitausgreifend und federnd die erforderliche Schubkraft. Er setzt das Vorderbein der einen und das Hinterbein der anderen Seite zugleich vor. Gute Festigkeit des Rückens, der Bänder und Gelenke.

Haarkleid

Das Haar ist kurz, hart und dicht. Es liegt fest und glatt an und ist gleichmäßig über die ganze Oberfläche verteilt. Unterwolle ist nicht statthaft.

Die Farbe ist schwarz, dunkelbraun oder blau mit rostrotem, scharf abgegrenztem und sauberem Brand. Der Brand befindet sich am Fang, als Fleck auf den Backen und oberen Augenlidern, an der Kehle, zwei Flecken auf der Brust, an den Mittelfüßen und Pfoten, an den Innenseiten der Hinterschenkel, am After und Sitzbeinhöcker.

Größe

Die Widerristhöhe bei Rüden beträgt 68 bis 72 cm; bei Hündinnen 63 bis 68 cm; jeweils ist eine Mittelgröße erwünscht.

Gewicht

Es sollte bei Rüden zwischen ca. 40–45 kg: bei Hündinnen zwischen ca. 32–35 kg liegen.

Fehler

Allgemeines Erscheinungsbild. Mangelndes Geschlechtsgepräge. Wenig Substanz, zu leicht, zu schwer, hochgestellt, schwache Knochen.

Kopf. Zu kräftig, zu schmal, zu kurz, zu lang, zu viel/zu wenig Stop, Ramsnase, mangelnde Parallelität der oberen Kopflinie, wenig Unterkiefer, rundes oder Schlitzauge, helles Auge, zu starke Backen, Lefzenbildung, offe-

nes – zu tief liegendes Auge, zu hoch oder zu tief angesetzte Ohren (noch offen weitere Definition), Lefzenbildung, offene Maulwinkel.
Hals. Etwas kurz, zu kurz, Kehlhaut, Wamme, Hirschhals, zu lang (unharmonisch).
Körper. Rücken nicht fest, abfallende Kruppe, Senkrücken, Karpfenrükken, zuwenig oder zuviel Rippenwölbung, nicht genügend Brusttiefe bzw. -breite, Rücken bzw. insgesamt zu lang, fehlende Vorbrust zu hoch oder zu tief angesetzte Rute, untere Bauchlinie zu wenig/zu stark aufgezogen.
Gliedmaßen. Zuwenig oder zuviel Winkelung der Vor- bzw. Hinterhand, Ellenbogen lose, vom Standard abweichende Lage und Länge der Knochen und Gelenke, zehenenger und zehenweiter Stand, kuhhessiger/faßbeiniger und enghessiger Stand der Hinterhand, offene oder weiche Pfoten, verkümmerte Zehen, helle Nägel.
Haarkleid. Zu heller, nicht scharf abgegrenzter, unsauberer (rußiger) Brand, zu dunkle Maske, große schwarze Flecken an den Läufen, kaum sichtbare oder auch zu große Brustflecken. Langes, weiches, glanzloses und welliges Haar sowie haararme und kahle Stellen. Größere Haarwirbel, besonders am Körper sichtbare Unterwolle.
Wesen. Mangelnde Selbstsicherheit, zu hohes Temperament, zu hohe Schärfe, Aggressivität, eine zu niedrige oder zu hohe Reizschwelle.
Größe. Abweichende Größen vom Standardmaß bis 2 cm sind durch Herabsetzung im Formwert zu ahnden.
Gangwerk. Wackeliger, trippelnder, unfreier Gang und Paßgang.

Disqualifizierende Fehler
Allgemeines. Ausgesprochene Umkehrung des Geschlechtsgepräges.
Auge. Gelbes Auge (Raubvogelauge), verschiedenfarbige Augen.
Gebiß. Vorbiß, Zangengebiß, Rückbiß und Zahnunterzahl nach dem Zahnschema.
Hoden. Einhoder oder hodenlose Rüden.
Haarkleid. Weiße Flecken, ausgesprochen lang- und wellhaarige Hunde, ausgesprochen dünne Behaarung und größere Kahlstellen.
Wesen. Ängstliche, scheue, nervöse und übertrieben aggressive Hunde.
Größe. Hunde, die mehr als 2 cm von dem Standardmaß nach unten oder oben abweichen.

Gedanken vor dem Kauf

Sollten Sie sich nach Befragen aller Familienmitglieder und der Überlegung, daß sich damit einiges in Ihrem Leben ändern wird, entschlossen haben, einen Hund anzuschaffen, so gibt es jetzt ein paar Grundsatzfragen zu klären: Wenn Sie nicht Besitzer eines Hauses oder einer Eigentumswohnung sind, müssen Sie sich zunächst informieren, ob Sie überhaupt einen Hund in Ihrer Wohnung halten dürfen. Ist dieses der Fall, so muß wohlüberlegt die Rasse ausgewählt werden. Hierbei spielen die Platzverhältnisse eine wichtige, möglicherweise die entscheidendste Rolle. Obwohl man natürlich in einer Stadtwohnung weniger geneigt ist, sich beispielsweise einen Dobermann zuzulegen, ist aber nicht auszuschließen, daß es Hunden dort oft besser geht als denen, die ständig im Zwinger gehalten werden. Ist sein Herrchen oder Frau-

Deutlich sichtbar: die rostroten Abzeichen („Brand“)

chen in der Lage, täglich ausgedehnte Spaziergänge zu unternehmen, so wird es auch diesem Hund an nichts fehlen, und beide, Herr und Hund, werden ihre Freude aneinander haben.

Bevor Sie sich einen Hund kaufen, sollten Sie sich darüber im klaren sein, daß dieser etwa zehn Jahre alt wird und Sie diese Zeit über für ihn verantwortlich sind. Ein Hund ist keine Wegwerfware, der man sich entledigt, wenn sie einem nicht mehr gefällt. Er soll auch nicht als Statussymbol dienen, das man, wenn es nicht mehr in Mode ist, gegen ein neues austauscht. Bedenken Sie, daß sich der Hund bei Ihnen wohl fühlen soll und Sie die Bedingungen dafür schaffen müssen. Er hat sicherlich eine andere Auffassung von einem „glücklichen Leben" als wir.

Wir werden Kompromisse schließen müssen und überdies bedenken, daß wir bei ihm menschliches Denken nicht erwarten dürfen. Schließlich ist noch zu überlegen, warum wir uns überhaupt einen Hund anschaffen wollen, was wir also von ihm erwarten.

Welcher Typ von Hundehalter sind Sie?

Der Hund – und das ist das Wichtigste im Zusammenleben und -wirken mit dem ältesten Haustier des Menschen – muß in seiner Eigenart, seinem Wesen zu Ihnen passen. Denn auch Hunde sind, genau wie wir Menschen, unterschiedlich in ihrem Temperament. Es wird also nicht besonders passend sein, wenn ein lebhafter, in der Jugend vielleicht etwas quecksilbriger Dobermann auf einen phlegmatischen und auf Ruhe bedachten Herrn trifft. Ebensowenig sollte sich ein eher bequemer Mensch einen lauffreudigen Hund, wie beispielsweise den Dobermann, allschaffen.

Wer mit seinem Hund an Schutzhundprüfungen teilnehmen möchte, muß sich eine der anerkannten acht Gebrauchshundrassen auswählen, zu denen selbstverständlich der Dobermann zählt.

Wer lärmempfindliche Nachbarn hat, bei dem ist eine bellfreudige Rasse fehl am Platz. Der Dobermann bellt nicht übermäßig, doch zeigt auch er sein Dasein durch Bellen an.

So haben alle Rassen ihre Eigenheiten, und kleine Unterschiede sind eben nicht nur im Aussehen, in der Größe und Fellbeschaffenheit, sondern auch – und das ist bestimmt ebenso wichtig – in ihren Wesensmerkmalen und Verhaltenseigenschaften festzustellen. Überprüfen Sie deshalb sehr genau, welcher Typ von Hundehalter Sie sind! Haben Sie sich nun nach reiflicher Überlegung für einen Dobermann entschieden, so fiel Ihre Wahl auf einen Rassehund, der Ihnen das Vertrauen mit instinkthafter Treue, Wachsamkeit und Anhänglichkeit danken wird.

Zwei Hündinnen im Winterwald

Welpe oder bereits ein erwachsener Hund?

Die nächste Frage wird wohl sein, ob Sie sich einen Welpen oder einen bereits etwas älteren Hund zulegen wollen. Zur Klärung dieser Frage sollten Sie die nachstehenden Punkte beachten:

- Bin ich altersmäßig und nervlich in der Lage, einen jungen Hund zu erziehen?
- Will ich diesen Hund zu einem Schutz- und Gebrauchshund ausbilden…
- … oder soll er nur als Haustier gehalten werden? Ist es vielleicht nicht besser, einen etwas älteren, bereits erzogenen Hund zu erwerben?
- Will ich mit meinem Hund an Ausstellungen oder Prüfungen teilnehmen, oder liegt mir nichts am Hundesport?
- Will ich züchten? Dieses wird vor allem für die weitere Frage, ob es ein Rüde oder eine Hündin sein soll, von Wichtigkeit sein.

Aufzucht und Erziehung eines Welpen ist zweifelsohne etwas Herrliches. Obwohl es viel Zeit und Geduld erfordert, bringt Ihnen aber gerade das das Gefühl der Zusammengehörigkeit. Sie werden jede Entwicklungsphase Ihres Hundes miterleben und dafür sorgen, daß ungewohnte Einwirkungen von außen sein Wesen und seinen Charakter nicht verändern können. Sie werden diesen Hund mit Sicherheit besser kennen, besser verstehen und somit auch besser beurteilen können.

Haben Sie sich aber für einen etwas größeren oder bereits erwachsenen Dobermann entschlossen, so müssen Sie in erster Linie prüfen, woher dieser Hund stammt. Warum wurde er verkauft? Wie viele Besitzer hatte der Hund bereits? Ist er gesund und wurde er artgerecht ernährt? Wurde er im Zwinger, im Haus beziehungsweise in der Wohnung gehalten? Ist er für Ihre Verhältnisse und Anforderungen, zum Beispiel Kinderfreundlichkeit, geeignet? Hat er, wenn Sie auf Ausstellungen gehen wollen, einen entsprechenden Formwert, und hat er, wenn Sie beabsichtigen, Hundesport zu treiben, die nötigen Voraussetzungen an Schutz- und Kampftrieb?

Rüde oder Hündin?

Genau zu überlegen ist, was Sie von Ihrem Hund erwarten, aber auch, was der Hund von seinem Herrn und Führer erwarten darf. Ehe Sie sich für einen Rüden oder eine Hündin entscheiden, müssen gewisse Faktoren beachtet werden.

Wenn vor Jahrzehnten noch die Regel war, daß Welpen männlichen Geschlechts beim Verkauf einen höheren Preis erzielten, so trifft das heute nicht mehr zu. Das hat wohl weniger mit „Emanzipation“ zu tun, als vielmehr, daß es für viele Hundehalter aus bestimmten Gründen ratsamer erscheinen mag, sich für eine Hündin zu entscheiden. Wenn wir einmal außer acht lassen, daß man zu züchten beabsichtigt, so könnte für die Hündin außerdem zählen, daß sie meist umgänglicher als ein Rüde ist. Durch die stärkere und ständige sexuelle Erregbarkeit beziehungsweise Bereitschaft zur Paarung werden Rüden eher dazu neigen, sich mit ihresgleichen auseinanderzusetzen oder zu messen, als das bei der Hündin der Fall ist. Eine Hündin ist nur zweimal im Jahr sexuell erregbar, sie ist dann „läufig“ oder „heiß“.

Erfahrungsgemäß werden Rüden eher dazu neigen, eine sogenannte Rudelführerposition einzunehmen und somit Raufereien weniger aus dem Weg gehen, als es die Hündin tut. Natürlich gibt es auch Ausnahmen. Eine weitverbreitete Meinung, daß Rüden vermehrt streunen, möchte ich nicht gelten lassen. Das ist eine Sache der Erziehung beziehungsweise Beaufsichtigung des Hundes. Unangenehm und lästig kann es natürlich werden, wenn in der Zeit der Läufigkeit Verehrer aller Rassen, verschiedener Größe und Gestalt vor Ihrer Haustür um die Gunst Ihrer Hündin flehen.

Beim Rüden muß noch auf ein weiteres Übel hingewiesen werden: Bei jeder sich bietenden Gelegenheit hebt er sein Bein, bespritzt ihm wichtig erscheinende Punkte mit seinem Harn, um dadurch sein Revier zu markieren. Dieses ist besonders für Gartenbesitzer ärgerlich, denn einige Gartenpflanzen, insbesondere Nadelbäume vertragen das nicht und verübeln diese „Behandlung“ mit verbrannten Stellen.

Abschließend kann noch gesagt werden, daß in der Regel Rüden von Natur aus selbstbewußter sind und eher dazu neigen, ihren Kopf durchzusetzen. Sie streben, wie schon an anderer Stelle erwähnt, eher einen sozial höheren Rang an, als dies bei Hündinnen zu beobachten ist. Man kann sagen, eine Hündin ist femininer und empfindlicher, was natürlich auch Vorteile hat.

Wägen Sie deshalb alle Vor- und Nachteile gegeneinander ab und spielen Sie bei der Entscheidung keinesfalls mit dem Gedanken, den Rüden später immer noch kastrieren lassen zu können. Dieses ist sehr umstritten und bringt gewiß verschiedene Probleme bezüglich der Wesensveränderungen mit sich.

Kauf eines Welpen

Gesunde Welpen kauft man nur vom seriösen Züchter

Haben Sie sich für den Kauf eines Welpen entschlossen, so erwerben Sie diesen unbedingt beim Züchter, und zwar bei einem erfahrenen, dessen Zuchtmaterial Sie sich vorher genau angesehen und als gut beurteilt haben. Prüfen Sie, ob er die Hundezucht tatsächlich als Hobby und mit Liebe betreibt oder ob ihm ein eventueller finanzieller Gewinn wichtiger erscheint. Kein seriöser und erfolgreicher Züchter muß seine Welpen im Hunde- oder Zoohandel verkaufen. Er wird wissen, wohin er seine Tiere gibt. Wer die Hundezucht mit Liebe, Verantwortung und Sorgfalt betreibt, kann kein Geld dabei verdienen.

Überzeugen Sie sich, ob die Elterntiere in das Zuchtbuch des Dobermann-Vereins e. V. eingetragen sind, so daß Sie eine anerkannte Ahnentafel für Ihren neuerworbenen Welpen ausgehändigt bekommen können. Denn nur diese Ahnentafel gibt Ihnen die Gewähr, daß der von Ihnen erworbene Welpe nach den gültigen Zuchtbestimmungen und mit qualifizierten Elterntieren gezüchtet worden ist.

Mir werden immer wieder Ahnentafeln gezeigt, die unbekannte Hundevereine ausgestellt haben, um sogenannte Hundefabriken damit zu legalisieren. Die Ahnentafeln schmücken klangvolle Siegertitel der Elterntiere, die erfunden sind und jeglicher Grundlage entbehren. Es kommt nicht selten vor, daß die in solchen Ahnentafeln angegebenen Elterntiere zum Zeitpunkt des Belegens beziehungsweise der Geburt der Welpen bereits seit Jahren tot sind.

Kaufen Sie also Ihren Dobermann nur bei einem seriösen Züchter! Doch woran erkennen Sie diesen?

1. Ein seriöser Züchter wird Sie nie zum Kauf drängen.
2. Er sollte in jedem Fall im Verband für das Deutsche Hundewesen e. V. (VDH) bzw. im Dobermann-Verein e. V. etabliert sein. Überzeugen Sie sich davon, Sie erkennen die Embleme auf diversen Schriftstücken.
3. Lassen Sie sich die Ahnentafeln der Elterntiere und/oder die Deckbescheinigung, aus der die Elterntiere der Welpen hervorgehen, bereits vor dem Kauf in Kopie aushändigen. Diese enthalten die VDH- und/oder Dobermann-Verein e. V.-Identifikation. Schon vor dem Kauf

können Sie diese Unterlagen beim VDH in Dortmund oder beim Dobermann-Verein e. V. überprüfen lassen und gehen somit kein Risiko ein. Auch Züchter werden Ihnen über diese Stellen gern genannt.

4. Beim Züchterbesuch sollten Sie sich immer die Mutterhündin zeigen lassen.
5. Achtung bei Züchtern, die Ihnen die Mutter des Welpen nicht zeigen wollen oder angeblich – aus welchen Gründen auch immer – nicht zeigen können. In einem solchen Fall sind Sie höchst wahrscheinlich an einen „Hundehändler“ geraten, der die Welpen meist viel zu früh von der Mutter weg

Dobermann-Nachwuchs – was wird das Leben ihm bringen?

und aus dem benachbarten Ausland billigst bezieht. Häufig liegt der Welpenpreis bei einem Händler unter dem Üblichen. Züchter, welche ihre Hunde an Händler verkaufen, sehen diese nur als Ware und unterliegen in der Regel nicht den enorm strengen Zuchtbestimmungen und Kontrollen eines VDH-Vereines oder des Verbandes. Sehr oft sind die Welpen nicht geimpft, entwurmt, oder sie sind bereits krank. Mit einem solchen Hund werden Sie keine große Freude haben.

6. Vorsicht auch, wenn Ihnen der Welpe schon vor der 8. bis 10. Lebenswoche ausgehändigt wird. Eine zu frühe Entfernung von der Mutter bringt später häufig Wesensprobleme mit sich, die Sie zunächst nicht bemerken.
7. Ein Alarmsignal sollten auch Züchter bei Ihnen auslösen, die gleich mehrere Rassen züchten und zum Verkauf anbieten.
8. In jedem Fall sollten Sie sich viel Zeit bei der Vorauswahl nehmen, denn es ist sicher besser, hier die nötige Sorgfalt anzuwenden, als die nächsten 10 bis 12 Jahre – so lange dauert durchschnittlich ein Hundeleben – ständigen Ärgernissen ausgesetzt und mit enormen Tierarztkosten belastet zu werden.
9. Die Entscheidung jedoch bleibt letztendlich bei Ihnen.

Das Ohrenkupierverbot in Deutschland hat einen großen „Kupiertourismus“ in Gang gesetzt, von dem vor allem der Dobermann stark betroffen ist. Auch über dieses Thema wird Sie ein guter Züchter gerne ausführlich beraten. Nie sollten die kupierten Ohren jedoch allein den Ausschlag bei der Wahl des Züchters darstellen.

Haben Sie nun den nötigen Kontakt zu einem erfahrenen und für Sie vertrauenswürdigen Züchter hergestellt, so holen Sie Ihren Hund am vereinbarten Abgabetermin selbst ab. Abgesehen davon, daß das Abholen eines kleinen Welpen sowieso ein schönes Erlebnis im Leben eines frischgebakkenen Hundehalters ist, wird Ihnen auch der Züchter alle nötigen Informationen geben, die für den weiteren Lebensweg notwendig sind. Denn der gewissenhafte Züchter verkauft Ihnen einen gut veranlagten Welpen, es liegt an Ihnen, einen noch besseren Hund daraus zu machen.

Aufzucht und Erziehung

Die Verantwortung des Menschen bei der Aufzucht

Wenn Sie nun Ihren Welpen im Alter von acht bis zehn Wochen – unter acht Wochen darf der Züchter keinen Welpen abgeben – vom Züchter abholen und er aus der Geborgenheit der Mutterhündin und seiner Wurfgeschwister gerissen wird, braucht er hierfür rasch Ersatz. Es muß sich unbedingt jemand um den Welpen kümmern und Bezugsperson für ihn sein. Er wird demjenigen überallhin folgen und Schutz bei ihm suchen. Diese Phase der Sozialisierung ist von großer Wichtigkeit. In ihr entscheidet sich viel für sein späteres Hundeleben. Findet er jetzt die notwendige Zuwendung und das Verständnis, wird er Ihnen das später vielfach zurückgeben. Alle Erlebnisse in diesem Alter tragen wesentlich zur Entwicklung des späteren Verhaltens unseres Dobermannes bei.

Wenn nun Ihr Welpe seinen ersten Tag in seiner neuen Umgebung verbringt, so ist das ungemein aufregend und verwirrend für ihn. Zeigen Sie ihm seinen zuvor hergerichteten Platz in einer zugfreien Ecke der Wohnung. Er sollte hier Schutz und Geborgenheit finden, so daß er sich auch einmal verkriechen kann, wenn ihm danach zumute ist. Es ist nicht zweckmäßig, jetzt einen im Handel erhältlichen, besonders schönen Hundekorb zu besorgen, da der Welpe diesen mit seinen scharfen Zähnen bearbeiten wird. Ein Brett mit sauberer, alter Matratze, die man mit einem waschbaren Stoff überzieht, wird sicher vorerst gute Dienste leisten. Kann er an seinem neuen Platz irgendeinen Leckerbissen finden, so wird ihm die Umstellung erleichtert.

Er wird nun die Gerüche der für ihn völlig neuen Umgebung in sich aufnehmen, und es liegt nun an Ihnen, dafür zu sorgen, daß er sich schnell einigermaßen wohl fühlt. Verlangen Sie nun nicht, daß er seinen Platz nicht mehr verlassen darf, sondern lassen Sie ihn seine neue Umgebung ruhig erforschen, und beruhigen Sie ihn dabei durch wiederholtes Streicheln.

Welpen schlafen viel, und sie müssen, wie Sie sicher vom Züchter erfahren haben, mehrmals in kleinen Mengen gefüttert werden. Der kleine Hund sollte vier- bis fünfmal kleinere Mahlzeiten bekommen, die Sie zumindest in den ersten Tagen streng nach der bisherigen Fütterungsmethode des Züchters verabreichen sollten. Allmählich kann er dann auf einen eigenen Futterplan umgestellt werden.

Sobald sich Ihr Welpe von seinem Lager erhebt, besonders aber nach dem Füttern, bringen Sie ihn sofort dorthin, wo er sich auch künftig lösen soll. Tragen Sie ihn an die dafür vorgesehene Stelle, denn sonst wird er sich bereits vorher setzen, und alle Mühe des Gewöhnens ist vergebens. Nehmen Sie ihn dabei aber nicht am Nackenfell, sondern fassen Sie mit einer Hand unter den Brustkorb beziehungsweise den Bauch. Vermeiden Sie auch unbedingt, den Welpen an den Vorderbeinen hochzuheben, denn Sehnen, Gelenke und Bänder sind noch sehr weich und zart.

Auch übermäßiges Treppensteigen sollte vermieden werden. Das bedeutet aber nicht, den Hund mit den Treppen nicht vertraut zu machen.

Anfangs wird es sich sicher nicht vermeiden lassen, daß trotz allem einmal ein Malheur passiert und der Welpe die Wohnung beschmutzt. Nehmen Sie ihn leicht am Nackenfell, zeigen Sie ihm die verunreinigte Stelle, schütteln Sie ihn etwas, und geben Sie durch ein energisches „Pfui!“ Ihrem Unmut Ausdruck.

Aufforderung zum Spiel

An dieser Stelle sei gleich bemerkt, daß alles, was Sie an der Verhaltensweise des Hundes mißbilligen, durch eine energischere, schärfere Stimmlage getadelt werden soll, während das Lob stets durch eine ruhige, besänftigende Artikulation zum Ausdruck kommt. Der Hund wird später an der Stimme genau unterscheiden, ob sein Besitzer mit ihm zufrieden ist oder ob er dessen Unmut heraufbeschworen hat. Besonders wichtig ist aber auch, daß Strafe beziehungsweise Einwirkung auf den Welpen, Junghund oder den erwachsenen Hund stets sofort nach dem Fehlverhalten erfolgen muß.

Jede Art von „Strafe“ wird in der Regel unsinnig sein, wenn sie nicht im richtigen Moment vorgenommen wird. Mit Einwirkungen wie „So ist's brav!“ und „So ist's pfui!“, also Lob und Tadel in der entsprechenden Stimmlage, kann man ihm fast alles klar und verständlich machen. Er wird sehr schnell unsere Gesten und besonders den Klang unserer Stimme zu deuten wissen und sich dementsprechend verhalten. Man muß aber von Anfang an konsequent erziehen, das heißt, sich darüber im klaren sein, was der Hund darf und soll und was er nicht darf. Inkonsequenz kann die beste Erziehung in Frage stellen!

Die Erziehung unseres Welpen soll autoritär – da Sie ja die Rolle des Rudelführers übernommen haben –, aber gerecht sein. Jede Mühe, die Sie am Anfang seines Hundelebens aufbringen, wird Ihnen das spätere Zusammensein mit dem vierbeinigen Hausgenossen erleichtern.

Die Fütterung brauche ich nur kurz zu streifen, da dieses Thema in einem besonderen Kapitel behandelt wird.

Nie sollten Abfälle vom Tisch verfüttert werden. Bleiben Sie während der Fütterung in der Nähe und beobachten Sie Ihren Hund. Der Freßnapf soll zügig geleert und nach etwa zehn Minuten von Ihnen weggenommen werden. Dadurch gewöhnen Sie Ihren Hund an eine normale Nahrungsaufnahme. Wenn das verabreichte Futter stundenlang herumsteht und der Hund von Zeit zu Zeit einmal einen Bissen nimmt, so erzieht man ihn zu einem schlechten Fresser. Er weiß ja, das Futter bleibt sowieso stehen. Es muß auch daran erinnert werden, daß es zudem unhygienisch ist, wenn Fliegen auf Futterreste Eier legen oder Bakterien übertragen. Es ist auch selbstverständlich, daß der Hund immer am selben Platz sein Futter erhalten soll. Ihre Konsequenz wird dadurch belohnt, daß Sie einen gut erzogenen Hund haben, der bei Tisch nicht ständig mit traurigen, mitleiderregenden Hundeaugen nach jedem Bissen schielt, den Sie zu sich nehmen. Ich gebe zu, daß das nicht leicht, aber hundertprozentig durchführbar ist.

Beobachten Sie, besonders in der ersten Zeit, ständig Ihren neuen Hausgenossen. Bringen Sie alles, was sein Leben und seine Gesundheit bedrohen könnte, außer Reichweite. Dazu zählen Gegenstände wie Nadeln, Gummistücke, Nylonstrümpfe, scharfkantige Steine und dergleichen; besonders auch stromführende Kabel! Desgleichen sind alle chemischen Flüssigkeiten, Schädlingsbekämpfungsmittel u. ä. sorgfältig zu verwahren.

Hier will ich noch einige falsche Vorstellungen ausräumen, die sich seit vielen Jahren mehr oder weniger bis in unsere Zeit erhalten haben: Weitverbreitet ist die Ansicht, daß rohes Fleisch Hunde scharf macht. Das ist ebenso falsch wie die Annahme, daß man durch Füttern von frischem Blut diese Eigenschaft erreichen könne. Der Hund ist kein Vegetarier, und rohes Fleisch ist, wird es in sauberem Zustand gereicht, nahrhafter als gekochtes – das ist alles. Ebenso irrt, wer glaubt, daß der Hund von rohem Fleisch üblen Mundgeruch bekäme. Dazu kommt es vielmehr dann, wenn

Zwei, die sich verstehen

sein Gebiß, zum Beispiel durch Süßigkeiten, angegriffen ist, und wenn wenig Kalbsknochen oder Hundekuchen, die auch zur Reinigung dienen, verabreicht werden.

Auch ist eine Mär, daß man Hunde nicht mit Käse füttern soll, da der den Geruchssinn des Hundes zerstöre. Käse ist für die Ernährung des Hundes keinesfalls schädlich, im Gegenteil, in den richtigen Mengen gegeben, sogar ausgezeichnet. Ebenso irrig ist die Ansicht, daß Kuhmilch zur Aufzucht von Welpen zu fett sei. Richtig ist, daß die Muttermilch der Hündin als die fettreichste überhaupt angesehen werden kann, so daß wir Kuhmilch noch durch etwas Rahm aufwerten müßten. Abschließend darf festgestellt werden, daß ein Hund, der nach natürlicher und artgerechter Methode gefüttert wird, im allgemeinen wenig anfällig ist.

Eine besondere Art „Nahrung", ohne die eine gesunde Welpenaufzucht fast unmöglich ist, bilden Sonnenstrahlen. Hier wird auf preiswerteste Art eine gesunde Dosis Vitamin A verabreicht, die für das Gedeihen des Welpen von größter Wichtigkeit ist. Dieses Vitamin A wirkt besonders der Rachitis entgegen. Es muß aber davor gewarnt werden, den Welpen ununterbrochen der Sonne auszusetzen, weil auch ein kleiner Hund ab und zu ein schattiges Plätzchen haben muß.

Sie haben nun Ihren zehn bis zwölf Wochen alten Welpen in Ihrem Haus aufgenommen, und er hat sich schon eingewöhnt. Sein zugewiesener Platz ist ihm heimisch geworden, und seine neue Umgebung hat er erforscht. Jetzt beginnt eine wichtige Phase, in der Sie ihn mit vielem vertraut machen müssen, was für sein späteres Hundeleben und das Zusammensein mit Ihnen wichtig ist.

Da der Hund nicht alles, was wir von ihm verlangen, freiwillig macht, kommen wir nicht umhin, nun mit der Erziehung zu beginnen. Auch wenn wir unseren Hund mit viel Verständnis erziehen wollen, werden wir ihn doch auch einem gewissen Zwang aussetzen müssen. Dabei ist darauf zu achten, daß der Hund bei den Übungen nie merkt, daß von Ihnen dieser Zwang, also sein körperliches Unbehagen, ausgeht.

Sie wollen mit Ihrem kleinen Hund den ersten Spaziergang unternehmen, wozu er angeleint wird. Spätestens hier wird das erste Problem auftreten. Ihr kleiner Dobermann wird sich erst einmal gegen den Leinenzug sträuben. Sie müssen Ihren Hund nun spüren lassen, daß etwas für ihn Unangenehmes – das an der Leine gehen – durch etwas noch Unangenehmeres – nämlich durch den kräftigen Zug an eben dieser Leine – wieder zu etwas Angenehmen wird. Sie werden feststellen, daß Ihr Hund schnell verknüpft: „Wenn ich mitlaufe, kommt kein Zug, das also ist wesentlich angenehmer für mich!" Wenn Sie, sobald sich der Hund in Bewegung setzt, den Zug der Leine wegnehmen und ihn auch noch mit „So ist's brav!" loben, wird sich der Erfolg sehr bald einstellen.

Ich habe dieses absichtlich ausführlich beschrieben, da sich die Verbindung zwischen Lob und Zwang wie ein roter Faden durch die ganze Hundeausbildung ziehen wird.

Anzumerken ist noch, daß Sie Ihren Hund von Anfang an stets links führen sollten.

Er muß auch lernen, auf einen Ruf hin zu Ihnen zu kommen. Das wird anfangs auch nicht nach seinem Geschmack sein. Sie können sich hier aber seine zu diesem Zeitpunkt noch vorhandene ängstliche Anhänglichkeit zunutze machen. Anstatt ihm nachzulaufen – Sie erhaschen ihn sowieso nicht –, gehen oder laufen Sie in die entgegengesetzte Richtung. Sie werden sehen, wie sich Ihr kleiner Dobermann plötzlich alleine fühlt und angelaufen kommt. Jetzt folgt natürlich wieder ein lautes und kräftiges Loben.

Zum „Herankommen" muß noch gesagt werden: Jede Strafe ist in Verbindung mit dem Nähern des Hundes grundsätzlich verboten! Selten wird soviel falsch gemacht, wie bei dieser Übung. Auch wenn Sie Ihr Dobermann auf sein Kommen unendlich warten ließ, strafen Sie ihn für seinen Ungehorsam keinesfalls nachträglich. Falsch ist es, wenn Sie Ihren Zorn, der ja durchaus berechtigt sein kann, vor dem Hund nicht verbergen oder sogar unter Drohgesten auf den rutenwedelnden Grund Ihres Ärgernisses zugehen. Dieser wird, Gefahr vermutend, mit eingezogenem Hinterteil und gar nicht mehr wedelnder Rute in sicherer Entfernung vor Ihnen stehenbleiben und der nach ihm fassenden Hand immer wieder ausweichen. Hier wird der Grundstock gelegt für einen „handscheuen" Hund.

Es ist gleichgültig, ob der Hund sofort gehorsam herankommt oder sich dabei Zeit läßt; es muß von ihm stets als angenehm empfunden und mit Freude verbunden werden. Er muß damit verknüpfen – „Zu meinem Herrn kommen ist immer etwas Angenehmes für mich!" Ich darf aus Erfahrung sagen, daß ich bei der Vielzahl der von mir großgezogenen Welpen noch nie einen Hund hatte, der nicht auf Rufen zu mir kam und dafür natürlich auch stets gelobt wurde.

Ich möchte Ihnen nun noch einige Ratschläge geben, die geeignet sind, Vorarbeit für die spätere Ausbildung Ihres Vierbeiners zu leisten. Machen Sie ihn von klein auf mit einigen Hörzeichen bekannt, zum Beispiel dem Befehlswort „Aus!". Sie können das im Spiel mit ihm üben, indem Sie ihm etwas wegnehmen, ohne ihn dabei zu hart und unnachgiebig zu behandeln. An dieser Stelle sei noch gesagt, daß alles, was Sie ihm jetzt spielerisch beibringen, für die spätere, ernste Arbeit überaus wertvoll ist. Hierzu gehört zum Beispiel das „Apportieren" oder

Kontakte mit Artgenossen fördern die Wesensfestigkeit

„Bringen eines Gegenstandes“. Auch können Sie ihm bereits im Junghundalter eine kleine, natürlich von Ihnen selbst gelegte, etwa 30 Schritt lange, gerade Fährte, irgendwo in einem nicht zu schwierigen Gelände (Wiese), legen. Diese Spur, auf der Sie sich mit kleinen Schritten vorwärts bewegen, kann durch entsprechende Leckerbissen etwas versüßt werden. Bei entsprechender Übung wird die Fährte etwas verlängert, und nur noch am Ende erfolgt die Belohnung in Form eines Leckerbissens.

Auch läßt sich die Sitzübung sehr leicht in jungen Monaten erlernen. Sie führen den angeleinten Hund an Ihrer linken Seite, indem Sie die Leine locker in der rechten Hand halten. Auf das Hörzeichen „Sitz!“ bleiben Sie stehen, drücken mit der linken Hand etwas auf die Kruppe des Hundes und vollziehen gleichzeitig mit der rechten Hand einen leichten Ruck mit der Leine nach oben. Sobald sich der Hund zwangsläufig gesetzt hat, kommt sofort das nie zu vergessende Hörzeichen „So ist's brav!“, mit ruhiger Stimme, an der er sofort erkennen kann, daß Sie mit seiner Leistung zufrieden sind. Nach einigem Üben wird sich der Erfolg einstellen.

Es ist überaus wichtig, daß der Hund bereits im Welpen- und Junghundalter viel unter Menschen kommt. Nehmen Sie ihn überall mit, aber halten Sie ihn stets angeleint und ersparen Sie ihm negative Erfahrungen, gleich welcher Art. Üben Sie alles mit ihm, beziehungsweise machen Sie ihn mit allem vertraut, mit dem er später als erwachsener Hund konfrontiert werden könnte.

Nehmen Sie ihn von klein auf in Ihrem Wagen mit, aber seien Sie vorsichtig, wenn Sie ihn dort alleine lassen. Er könnte Ihnen alles mögliche anknabbern, und es würde wenig nützen, wenn Sie ihn dann beim Zurückkommen strafen; denn er würde wiederum nicht wissen, für was diese Strafe ist, da beispielsweise das Zerbeißen der Sitze schon längere Zeit zurückliegen kann. Besonders wichtig ist es, Ihren Hund niemals bei Sommersonnenschein allein im Auto zu lassen. Sie glauben gar nicht, wie schnell er einen Hitzschlag mit nicht mehr gutzumachenden Folgen erleiden kann.

Üben Sie auch bereits im Welpenalter das Alleinbleiben Ihres Hundes. Sie können für diese Übung natürlich nur Ihr eigenes Zuhause nehmen oder einen Ort, an dem sein oft langandauerndes Winseln niemanden stört und zu Beanstandungen Anlaß gibt. Verlängern Sie die Abstände bis zu ihrem Zurückkommen langsam, so daß er merkt, daß Sie ja bald wieder zurückkommen. Verfallen Sie aber nicht in den Fehler, bei Ihrem Hund die Verknüpfung herzustellen, „wenn ich laut genug heule, kann ich Herrchen oder Frauchen zurückrufen“. Halten Sie sich anfangs nur außerhalb des Zimmers auf und schimpfen Sie mit ihm, wenn er gar zu laut sein Unbehagen ausdrückt. Ist er ruhig, kommen Sie nach einiger Zeit zurück, und jetzt darf natürlich das ausgiebige Lob nicht zu knapp sein. Wenn Ihr Hund dann begriffen hat, daß Sie ja nach einiger Zeit zurückkommen und er sich ruhig verhält, wird Ihnen das auf Reisen, in Hotels und anderswo sehr nützlich und angenehm sein.

Wo wir noch bei der Erziehung des Junghundes sind, ist darauf hinzuweisen, daß es nötig werden kann, dem Hund ab und zu einen Leckerbissen oder auch einen Knochen aus dem Fang zu nehmen. Der Hund muß von seinem Herrn jederzeit erdulden, daß dieser ihm seinen Fang öffnet, um ihm eventuell einen gefährlichen Fremdkörper zu entfernen. Jegliches Knurren oder sogar Beißen nach der Hand seines Herrn muß sofort unterbunden werden. Packen Sie den Hund am Nackenfell, schütteln Sie ihn kräftig durch und schimpfen Sie ihn dabei lautstark mit „Pfui!“.

Im Alter von acht bis neun Monaten, in der sogenannten Pubertät, wird der Rüde erstmalig sein Erwachsenwerden durch Beinheben anzeigen, wobei er anfänglich noch etwas wackelig auf drei Beinen steht, um Balance suchend sein Gleichgewicht zu halten. Jetzt erwacht auch allmählich sein Schutztrieb, und er wird seine soziale Stellung innerhalb des „Rudels“ suchen. Das heißt, er wird sich eines Tages auch Ihnen stellen. Sie müssen diese Herausforderung unbedingt annehmen, wenn Sie nicht die Rolle tauschen und Sie im wahrsten Sinne des Wortes ein „Hundeleben“ bei Ihrem „Rudelführer“ haben möchten. Dieser überaus wichtige Vorgang, bei dem Sie notfalls ähnlich reagieren müssen, wie bei dem eben angesprochenen Versuch Ihres Hundes, nach Ihnen zu schnappen, wurde schon von manchem Hundehalter aus falscher Tierliebe übersehen. Die Folgen waren für Halter und Hund katastrophal, und es endete meist damit, daß das Tier durch einen Tierarzt eingeschläfert werden mußte.

Zwinger oder Wohnung?

Wenn Sie die Möglichkeit haben, sich einen Zwinger zu bauen, so sollten Sie das tun. Sie müssen Ihren Dobermann ja nicht ständig dort unterbringen, sollten ihn aber doch daran gewöhnen, daß er dort, ohne viel Lärm zu verursachen, zeitweise bleibt. Es ist auch gut, wenn Sie ihn einmal wegsperren können, wenn eine Situation dies erfordert. Allerdings sollte sich der Hund, wenn er als Wach- und Schutzhund gehalten wird, nachts unbedingt im Hause aufhalten, denn nur hier stellt er einen echten Schutz dar. Ein Hund außerhalb des Hauses gehalten, stellt einen erfahrenen Gauner vor keine Probleme.

Es erübrigt sich, darauf hinzuweisen, daß der Zwinger zumindest den Bestimmungen des Tierschutzgesetzes vom 24. Juli 1972 zu entsprechen hat, d. h., er muß dem Hund ausreichende Bewegungsfreiheit bieten. Auch muß dem Tier eine Hundehütte aus wärmedämmendem, gesundheitsunschädlichem Material zur Verfügung stehen, in der es sich verhaltensgerecht bewegen und den Raum durch seine Körperwärme warm halten kann. Bei Sonnenschein und hohen Außentemperaturen muß dem Hund ein schattiger Platz geboten werden können.

Ausbilden – nicht dressieren!

Die Erziehung geht nun über in die Ausbildung. Wir bilden den Hund aus. Unter Ausbilden versteht man, einen bereits gut erzogenen Hund auf einem speziellen Gebiet weiterzubilden. Ausbilden kann ich den Hund für die verschiedensten Einsatzmöglichkeiten, so beispielsweise für das Rettungswesen, als Schutz- und Begleithund, als Blindenführerhund, für Jagdzwecke oder auch als Sporthund, der seine Leistungen nach festgelegten Regeln unter Leitung beziehungsweise Führung seines Herrn im Wettbewerb mißt.

So berichtet uns zum Beispiel Dr. Brückner, der während des 2. Weltkriegs Chef des Stabes des Deutschen Hundewesens war und dem 45 000 Hunde unterstanden, er habe beste Erfahrungen mit Dobermännern

Prompte Ausführung des Befehls „Sitz!"

gemacht, und es habe beim Heer Elitehunde dieser Rasse gegeben, die keinen Vergleich mit Hunden anderer Gebrauchshundrassen scheuen mußten. Bevor wir uns aber mit der Ausbildung des Hundes beschäftigen, müssen wir uns über die Wesensgrundlagen, die unseren Hund und somit auch speziell unseren Dobermann zur Ausbildung befähigen, etwas Gedanken machen.

Was verstehen wir unter „Wesen“?

Will man den Hund und damit auch sein Verhalten verstehen, so muß man sein Wesen beurteilen können. Man muß sich darüber im klaren sein, daß menschliche Maßstäbe – so sehr man auch aus naheliegenden Gründen dazu versucht wäre – nicht in Anwendung kommen dürfen. Wir müssen versuchen, uns in das andere Wesen einzufühlen und auch bemühen, im Hund nicht ein menschlich denkendes und menschlich empfindendes Lebewesen, sondern eben einen Hund, ein vom Menschen zum Haustier gewandeltes, ursprünglich in freier Wildbahn lebendes Raubtier, zu sehen. Bei der Ausbildung ist es unumgänglich und bei der Beurteilung des Verhaltens des Hundes von größter Wichtigkeit, daß wir Vermenschlichung vermeiden! Sicher wird nun der eine oder andere Besitzer betroffen sein, wenn er in seinem Hund ein domestiziertes Raubtier sehen soll, doch wird diese Einstellung dem Hund weitaus eher gerecht, als sich in seinem vierbeinigen Hausgenossen ein wedelndes Menschentier vorzustellen.

Es ist wichtig, daß jeder, der mit Hunden zu tun hat oder sich gar mit deren Ausbildung befaßt, erkennt, daß das Wesen des Hundes und damit sein gesamtes Verhalten von ererbten Anlagen, von instinktiven Trieben und durch Einflüsse seiner Umwelt bestimmt wird.

Es liegt nun an uns, diese Anlagen zu wecken beziehungsweise zu unterdrücken. Viel hängt davon ab, wie wir auf unseren Hund einwirken und uns ihm gegenüber verhalten. Je mehr wir uns mit ihm beschäftigen, desto enger wird die Bindung zu ihm sein. Er wird uns allmählich durch immer wiederkehrende Sinneseinwirkungen verstehen lernen und sich durch seine Anpassungsfähigkeit in die menschliche Umwelt leicht einfügen. Wenn wir ihn aber sich selbst überlassen und ihn isolieren, beispielsweise „an die Kette legen“ oder zu einer widernatürlichen Untätigkeit verurteilen, ihm selten eine Liebkosung oder ein gutes Wort zukommen lassen, dann verkümmert seine nach Geselligkeit hungernde Psyche, und aus dem jugendlichen Menschenfreund entwickelt sich mit zunehmendem Alter ein Menschenfeind, bei dem die Scheuheit, die ständige Abwehrbereitschaft und die Angriffslust des ehemaligen Raubtieres immer mehr die Oberhand gewinnt.

Gehorsame Hunde nehmen auch einen Baumstumpf als Sitzplatz in Kauf

Wenn Sie sich nun mit der Ausbildung befassen wollen, so kann ich Sie dazu nur beglückwünschen und darf auf weiterführende Literatur verweisen. Es ist besonders heutzutage, wo wir größtenteils gezwungen sind, auf engstem Raum zusammenzuleben, verantwortungslos, einen Hund von der Größe eines Dobermanns zu besitzen, der nicht den nötigen Gehorsam beziehungsweise die nötige Unterordnung aufweist. Wenn Sie diese Aufgabe nicht allein meistern wollen, stehen Ihnen die Ortsgruppen beziehungsweise Abteilungen des Dobermann-Vereins und der Gebrauchshundverbände in der Bundesrepublik und ihren Nachbarländern mit Rat und Tat zur Seite. Nähere Informationen, zum Beispiel welcher Übungsplatz Ihrem Wohnsitz am nächsten liegt, erteilt gern der Dobermann-Verein e. V. oder der Verband für das Deutsche Hundewesen (Anschriften im Anhang).

Ich höre immer wieder, meist von älteren Züchtern, daß sich erworbene Eigenschaften nicht vererben und somit auch das Ausbilden des Hundes wenig Wert hat. Das ist bedingt richtig. Solch einer Ansicht muß ich jedoch entgegenhalten, daß sich zwar nicht die im Laufe seines Hundelebens erworbenen Fähigkeiten vererben werden, wohl aber seine im Wesen verankerten Anlagen, die den betreffenden Hund zu diesen Leistungen qualifizieren. Hier liegt der wesentliche Unterschied. Durch die Prüfungen soll doch ein Überblick über die Wesensmerkmale und -anlagen geschaffen werden. Diese ererbten Anlagen zu erkennen und sie von angeeigneten erworbenen Eigenschaften zu unterscheiden, das zeigt den erfahrenen Hundebesitzer. Ich bin mir darüber im klaren, daß das oft nicht sehr leicht ist. Daß hierfür die Zuchttauglichkeitsprüfung gute Kriterien liefert, liegt aber auf der Hand.

Zucht – Segen und Sünden einer verantwortungsvollen Hundezucht

Wenn Sie sich mit der Hundezucht befassen wollen, sei Ihnen gleich gesagt, daß Welpen oder Junghunde mitunter Freud und Leid lautstark von sich geben und dadurch leicht den Zorn Ihrer Nachbarn heraufbeschwören können. Manche Zeitgenossen sind recht merkwürdig. Sie nehmen zwar vieles, was zum modernen Leben gehört, als selbstverständlich hin, doch sollte frühmorgens ein Hahn krähen, eine Taube gurren oder ein Hund in seiner ihm angeborenen Weise ein Lebenszeichen von sich geben, so wird gegen diese Art von Ruhestörung nicht selten sogar gerichtlich vorgegangen. Wohl dem, der vernünftige und einsichtige Mitmenschen um sich hat!

Überlegungen vor der Zucht

Sinn jeder planmäßigen Hundezucht ist es, gesunde Welpen zu züchten, die dem Rassestandard in bezug auf Aussehen und Wesensmerkmale möglichst nahekommen. Um dieses Ziel zu erreichen, bedarf es gewisser Kenntnisse der Vererbungslehre. Es ist nicht Aufgabe dieses Buches, darauf näher einzugehen, mit dem Wesentlichen wollen wir uns jedoch befassen. Es gibt mittlerweile gute Literatur über Zucht und Vererbungslehre, die sich gewissenhafte Züchter beschaffen sollten.

Als erstes ist für Sie als angehende Züchter wichtig zu wissen, daß beide zur Zucht vorgesehenen Hunde je eine vom Dobermann-Verein e. V., Rechtssitz München, ausgegebene und vom VDH, dem Verband für das Deutsche Hundewesen, anerkannte Ahnentafel vorweisen müssen. Ist diese Voraussetzung erfüllt, haben die Elterntiere auf einer speziellen, ebenfalls vom Dobermann-Verein durchgeführten Zuchttauglichkeitsprüfung ihre Zuchttauglichkeit unter Beweis zu stellen (siehe Seite 61). Dieser sogenannten ZTP (Zuchttauglichkeitsprüfung) muß eine Röntgenuntersuchung des Hundes auf HD (Hüftgelenksdysplasie) vorausgehen. Nachdem diese Auflagen erfüllt sind und keine Anzeichen von Hüftgelenksdysplasie bestehen, kann nach den Zuchtbestimmungen des Dobermann-Vereins mit diesen Tieren gezüchtet werden.

Sie sollten sich die Sache trotzdem nicht leicht machen und vor allem berücksichtigen, daß persönliche und räumliche Voraussetzungen vorhanden sein müssen, bevor Sie Ihr Zuchtvorhaben verantworten können. So gibt es auch Leute, die sich der Hundezucht zuwenden, weil sie glauben, dadurch leicht Geld verdienen zu können. Wer aus diesem Grund Hunde züchten will, sollte seine Idee nochmals überdenken, ehe er einer großen Enttäuschung entgegensteuert.

Es wird sicher Leute geben, die mit der Hundezucht Geld verdienen, doch wollen wir uns von diesen Hundevermehrern distanzieren, denn sie sind es, die Welpen gewissermaßen als Konsumware an Kaufhäuser und sonstige Hundehändler liefern.

Diese Hunde wachsen meist unter widrigsten Bedingungen auf. Ihr Zustand entspricht dem geringen Aufwand, der für die Aufzucht verwendet wurde. Doch wollen Sie eine ehrliche, der Sache dienende Rassehundezucht betreiben, so werden Sie das gewiß unter seriösen Voraussetzungen tun.

Zu glauben, daß eine Hündin in ihrem Leben unbedingt einmal belegt werden müsse, um keinen gesundheitlichen Schaden davonzutragen, ist unrichtig. Es gibt keinen Grund anzunehmen, daß eine Zuchthündin selte-

Einer der Großen der deutschen Dobermann-Zucht: F. F. H. Fleitmann, Gründer des ehemals berühmten Zwingers „von Westphalia“

Junge Dobermann-Hündin

ner erkrankt als eine Hündin, die noch nie Welpen geworfen hat.

Wenn Sie nun eine einwandfreie und zuchttaugliche Hündin zur Verfügung haben und auch alle weiteren Voraussetzungen vorhanden sind, so werden Sie einen Zuchtrüden aussuchen. Doch verfahren Sie nicht einfach nach dem Rezept, das besagt: „Man nehme eine Hündin, führe sie irgendeinem Rüden zu, und man ist in etwa neun Wochen Hundezüchter!"

Denken Sie auch stets daran, daß die einfache Gleichung, „ich habe einen Sieger als Hündin und werde sie mit einem Sieger belegen, so daß ich wieder einen Sieger erhalte", keinesfalls aufgeht. Wir werden zwar den Vater unserer zukünftigen Welpen sicherlich nach seinem Formwert beurteilen, doch müssen auch andere Aspekte – bezüglich der Vererbung der Wesensmerkmale – eine wichtige Rolle spielen. Die von der Natur stets angestrebte Harmonie zwischen Leib und Seele sollte beim Hund nicht durch menschliche Blindheit und Profitsucht verlorengehen, warnt der bekannte Schweizer Kynologe Prof. Dr. Seifele gerade im Hinblick auf die bekanntesten und beliebtesten Hunderassen.

Als Regel gilt, daß vom 10. bis zum 12. Tage nach dem ersten Auftreten der Hitzemerkmale die beste Zeit für eine erfolgreiche Paarung ist. Doch ist bei manchen Hündinnen auch ein anderer Zeitpunkt während der Hitze – zwischen dem 6. und 16. Tag – zur Befruchtung möglich.

Vererbungslehre in groben Zügen

Wer sich über die Auswahl des Zuchtmaterials Gedanken macht, muß zuerst erkennen, ob bei einem Zuchttier einer bestimmten Blutlinie eventuell unerwünschte körperliche Merkmale durch falsche Aufzucht oder falsche Behandlung entstanden sind, die deshalb als erworben und nicht als ererbt und somit auch nicht als vererbbar zu betrachten sind.

Wenn wir von der Vererbungslehre sprechen, denken wir zunächst an Gregor Mendel, der als Mönch und später als Abt sein Leben in den Dienst eines Klosters in Brünn stellte und 1884 starb. Er hat die Gesetzmäßigkeiten der Vererbung erkannt und ihre Grundzüge in auch noch heute gültiger Form dargestellt. Aber das genetische Wissen mehrt sich rapide, und es würde den Rahmen dieses Buches sprengen, hier eine umfassende Einführung vorzunehmen.

Nur ein paar Begriffe und Zusammenhänge: Wir wissen, daß bei der Geschlechtszellenbildung die stets doppelt vorhandenen Chromosomen – sie sind die Träger der Erbanlagen (Gene) – halbiert werden, dadurch aber die Erbinformation nicht reduziert wird. Solche Zellen nennt man haploid. Sie stehen im Gegensatz zu allen übrigen Körperzellen, die die doppelte Chromosomenzahl aufweisen und diploid genannt werden. Bei der Befruchtung kommt es nun zu einer Verschmelzung von weiblichen und männlichen haploiden Geschlechtszellen; es bildet sich die diploide Ursprungszelle, aus der sich durch Zellteilung das neue Lebewesen entwickelt. In dessen Körperzellen finden sich nun die von jedem Elternteil hälftig eingebrachten Chromosomen zu Chromosomenpaaren zusammen. Die auf diesen gelagerten Genpaare bedingen jeweils ein bestimmtes Merkmal des Nachkommen.

Gregor Mendel gelang es, durch Kreuzungsversuche an reinerbigen, sich nur in einem Erbmerkmal voneinander unterscheidenden Pflanzen nachzuweisen, daß deren gemischterbige Nachkommen sich in der ersten Generation nicht voneinander unterscheiden. Steht diese Generation bezüglich des Merkmals in ihrem Erscheinungsbild zwischen den Eltern und kreuzt man sie untereinander, gleichen die Nachkommen jeweils zu einem Viertel den Individuen der Ur-Generation und zu zwei Vierteln denen der ersten Generation.

Bei Kreuzung zweier Pflanzen, bei denen die die Merkmalsunterscheidung bedingende Erbanlage des einen Elternteils dominant (von vorherrschender Wirkung) und die des ande-

Gesunder Dobermann-Rüde

ren rezessiv (zurücktretend) ist, zeigt die gesamte nächste Folgegeneration das dominante Merkmal. Bei deren Nachkommen wiederum tritt das dominante beziehungsweise rezessive Merkmal im Verhältnis 3:1 auf.

Nur wenn bei beiden Individuen der Elterngeneration dasselbe Merkmal reinerbig auftritt, werden auch ihre Nachkommen dieses Merkmal reinerbig aufweisen.

Bei den in ihrem Erbmaterial einfach strukturierten Pflanzen lassen sich so Gesetzmäßigkeiten erkennen. Bei unseren Hunden ist dies um ein Vielfaches schwerer, da man auch heute noch nicht mit Sicherheit sagen kann, ob zum Beispiel ein Merkmal wie die Fellfarbe von einem Genpaar allein bestimmt wird oder wieviel Genpaare sich überhaupt auf den Chromosomen befinden.

Einen wichtigen Aspekt führt uns aber dieser kurze Einblick in die Vererbungslehre auf jeden Fall vor Augen. Auch in der Hundezucht sind die Eigenschaften, die wir von der Nachkommenschaft erhoffen, nicht unbedingt abhängig von den Merkmalen, die die Elterntiere äußerlich aufweisen.

Wir können zwar durch unsere züchterischen Eingriffe die grobe Linie unserer Zuchtprodukte bestimmen, vor Überraschungen – natürlich auch positiven – sind wir jedoch nicht gefeit.

Die Hitze

Die meisten Hündinnen werden zweimal im Jahr, das heißt im Abstand von etwa sechs Monaten, „heiß". Dieser zeitliche Abstand kann sich auch etwas verschieben. Die beginnende Hitze erkennt man sicher am Anschwellen der Schnalle und an der Absonderung einer mehr oder weniger dunklen, blutigen Flüssigkeit. Die Hitze dauert rund 21 Tage. Wichtig ist für den Züchter, daß er sich genau den Tag merkt, an dem die ersten Tropfen abgesondert werden. Der Tag des Eisprungs, der im allgemeinen zwischen dem 10. und dem 14. Tag stattfindet, kann bei manchen Hündinnen vom Normalfall abweichen. In der genannten Zeit können die meisten Hündinnen mit der besten Aussicht auf Erfolg belegt werden.

Die Trächtigkeit

Die Trächtigkeit dauert normalerweise 63 Tage, also neun Wochen. Nach dem Decken gehört die Hündin noch für eine weitere Woche während des Spaziergangs an die Leine, bis die Gefahr eines eventuellen weiteren Deckaktes gebannt ist. In der nun folgenden Zeit braucht die Hündin viel Bewegung und auch viel Flüssigkeit, da sie auch die Abfallstoffe der sich nun entwickelnden Welpen durch eine erhöhte Nierentätigkeit abbauen und ausscheiden muß.

Sie soll in der Folgezeit nicht mehr Futter bekommen als bisher, doch muß es eine qualitativ hochwertige Nahrung sein. Wenn Sie die Hündin weiter artgerecht füttern, wird ihr das am zuträglichsten sein. Zusätze von Kalk, Lebertran und Vitaminen sollten selbstverständlich dazugehören. Auch ist dafür zu sorgen, daß die Hündin frei von Würmern gehalten wird.

Wenn Sie mit Beginn der 7. Woche die ersten Bewegungen der heranwachsenden Welpen durch die Bauchdecke der trächtigen Hündin spüren, wird es Zeit, die Wurfkiste, in der die Hündin ihren Nachwuchs auf die Welt bringen soll, vorzubereiten. Sie sollte desinfiziert und mit sterilen, saugfähigen Tüchern ausgelegt werden.

Geburt der Welpen

Wenn Ihre Hündin nun zwischen dem 60. und 65. Tag wirft, wird alles vorbereitet sein, und die Geburt der Welpen wird weder Sie noch Ihre Hündin überraschen. Sollten Sie auf die Geburt noch am 67. Tag warten, wird es Zeit, einen Tierarzt aufzusuchen, weil es Schwierigkeiten geben wird und Lebensgefahr für Ihre Hündin besteht.

Man kann hier unmöglich alles schildern, was beim „Hundwerden" zu berücksichtigen und mit welchen Komplikationen eventuell zu rechnen ist. Jeder, der sich entschlossen hat, auf verantwortlicher Basis Hunde zu züchten, ich meine, nicht nur zur Vermehrung unserer Vierbeiner beizutragen, der möge sich hierfür geeignete Fachliteratur besorgen.

Nach dem Werfen soll die Hündin kräftiges und besonders dünnbreiiges Futter erhalten. Wichtig und darum unbedingt zu beachten ist die „ständige Kontrolle" der Temperatur der Hündin (Fiebermessung im After). Normaltemperatur des Hundes liegt etwa bei 38,5 °C. Sollte das Thermometer für einen längeren Zeitraum über 39 °C gehen, muß der Tierarzt verständigt werden.

Speziell für unseren Dobermann ist noch zu erwähnen, daß den Welpen am dritten Tag nach der Geburt die Ruten fachgerecht, eventuell nach Unterweisung durch den zuständigen Zuchtwart, kupiert werden. Er ist im übrigen unmittelbar nach dem Werfen zu benachrichtigen (siehe Zuchtbestimmungen des DV e. V.).

Erforderlich ist es ferner, die Welpen im Alter von vier bis fünf Wochen mit einem leichten, ungefährlichen Wurmmittel von eventuell doch vorhandenen Schmarotzern zu befreien.

Seit 1987 ist in der Bundesrepublik Deutschland das Kupieren der Ohren verboten. Dennoch können Sie Ihren Welpen einen kleinen Eingriff am Ohr nicht ersparen, denn vor der Abgabe müssen Sie den für Sie zuständigen Zuchtwart nochmals verständigen, damit er Ihre Welpen im linken Ohr tätowiert und die entsprechende Kennzeichnung und die „Endabnahme" vornimmt.

Erst jetzt sollten Sie die neuen Hundehalter verständigen, damit sie ihren vierbeinigen Nachwuchs übernehmen können.

Ausstellungen

Jeder, der einen rassereinen Dobermann besitzt und dessen elegantes Erscheinungsbild bestätigt finden möchte, kann seinen Hund auf einer entsprechenden Zuchtschau ausstellen. Er wirbt hierbei nicht nur für die Rasse, sondern erhält zugleich einen Überblick darauf, inwieweit sein Hund dem geforderten Standard entspricht.

Hundeausstellungen sind öffentliche Veranstaltungen, die der Bewertung von Rassehunden dienen und auf denen Zuchtprodukte einer Rasse auf nationaler oder internationaler Ebene ausgestellt und beurteilt werden. Jeder gezeigte Hund erhält seine Bewertung, die in den Prädikaten „vorzüglich“, „sehr gut“, „gut“, „genügend“ und „ungenügend“ ihren Niederschlag finden. Diejenigen, die dem Rassestandard am nächsten kommen, werden als die besten plaziert und gelten als besonders ausgezeichnete Vertreter der Rasse bezüglich ihres Erscheinungs-

Dobermann im Stand – eine Szene von der BSZ Dortmund 1996

bildes und damit auch bedingt ihres Zuchtwertes.

Wir unterscheiden internationale Ausstellungen, auf denen eine Anwartschaft für das Internationale Schönheits-Championat vergeben wird, das CACIB (Certificat d'Aptitude au Championnat International de Beauté), Spezialzuchtschauen einzelner Rassen, bei denen meist das CAC (Certificat d'Aptitude au Championnat) vergeben wird, die Anwartschaft für das nationale Schönheits-Championat, und allgemeine Rassehundzuchtschauen.

Bei allen Ausstellungen werden die Hunde den entsprechenden Alters- und der Ausbildungsklassen zugeteilt. Die einzelnen Klassen sind den Meldepapieren zu entnehmen. Hunde, die auf Ausstellungen gezeigt werden, müssen über ein lückenloses Gebiß verfügen und sind in einwandfreiem Pflegezustand vorzuführen.

Die Bewertung „vorzüglich" können nur Hunde erhalten, die dem Rassestandard voll entsprechen und in allen Teilen eine diesem am nächsten kommende Vollkommenheit aufweisen.

Bewertungen

Die Bewertungen werden von anerkannten und erfahrenen Zuchtrichtern vergeben, die sich ihre Entscheidung nicht leicht machen, denn sie haben eine verantwortungsvolle Aufgabe. Sie entscheiden nicht nur, ob dieser oder jener Hund des Ausstellers den ersten Platz belegt oder welche Bewertung er bekommt, sondern den Rich-

Bea, eine VDH-Europa-Jugendsiegerin 1995 aus ungarischer Zucht

tern obliegt weitgehend diese Verantwortung für die Erhaltung und den Fortbestand der gesamten Rasse.

Wenn Sie das bedenken, so wird sich der einzelne Aussteller einem Richterurteil, das im übrigen nicht anfechtbar ist, fair und sportlich beugen. Ein erfahrener Richter sieht auf den ersten Blick, ob Harmonie beziehungsweise Ausstrahlung von einem Hund ausgeht. Erst dann wird er die Details bewerten.

Selbstverständlich ist jeder Hund für seinen Besitzer der schönste, und das soll ja auch so sein. Dennoch sieht mancher Besitzer seinen Hund nur durch die rosarote Brille und verliert somit eine objektive Einstellung dem Richterurteil gegenüber. Man sollte dies aber akzeptieren und sich zu keiner unsportlichen Äußerung gegenüber dem Richter hinreißen lassen, sondern für die Beurteilung seines Hundes dankbar sein. Jeder, der sich einer objektiven, aber kritischen Beurteilung seines Hundes verschließt und diese nicht vertragen kann, sollte Hundeschauen nicht besuchen.

Das Vorführen oder die sogenannte Ringdressur

Anfängern auf dem Ausstellungswesen stehen gern die erfahrenen Züchter und Aussteller mit Rat und Tat zur Seite. Ebenso können sie sich bei Veranstaltern genau über alles informieren. Wichtig ist beispielsweise, daß das Vorzeigen des Gebisses und Gangwerkes, die sogenannte Ringdressur, geübt wird. Es ist auch sehr störend, wenn Ihr Hund ständig zähnefletschend seinen mit ihm im Ring stehenden Konkurrenten ankläfft. Das ist dem Hund beizeiten abzugewöhnen, zumal solch Verhalten bei der Bewertung zu Abzügen führen kann. Letztlich sei nochmals darauf hingewiesen, daß wichtiger als alle Ausstellungssiege stets der Hund selbst ist.

Auslandsreisen

Für Auslandsreisen benötigt Ihr Hund einen internationalen Impfpaß, der auf dem aktuellen Stand und für Fahrten in die meisten Länder ausreichend ist. Es ist allerdings ratsam, vor Antritt einer Reise die Veterinärbehörde oder einen Automobil-Club nach den gültigen Vorschriften zu befragen, um keine unerwünschten Überraschungen an der Grenze zu erleben.

Pflege unseres Dobermanns

Der Dobermann ist ein pflegeleichter Hund und durch sein glattes Haar der ideale Wohnungshund. Selbst bei widrigster Witterung wie Regen und Schnee bringt er kaum Schmutz ins Haus. Sein kurzes, dichtes Haar kann sich nicht voll Wasser saugen. Kurz abgerieben, ist sein Fell schnell wieder trocken und frei von Geruch. Es wird sicher genügen, wenn Sie den Hund von Zeit zu Zeit etwas durchbürsten, um abgestorbenes, ausfallendes Haar zu entfernen.

Um ihn im Ausstellungsring zu präsentieren, genügt es meist, sein Haarkleid mit einem sogenannten Hundehandschuh abzureiben. Im übrigen verrät das Haarkleid sehr viel vom Gesundheitszustand Ihres Hundes, denn ein seidigglänzendes Fell ist ein Zeichen des Wohlbefindens und einer artgerechten Ernährung.

Sollte der Hund sich aber einmal im Kot und Morast gewälzt haben und Sie mit einfachem Bürsten nicht mehr zurechtkommen, so genügt es meist, wenn Sie Ihren Vierbeiner mit klarem, lauwarmen Wasser abspülen. Gebadet werden sollte er nur in Ausnahmefällen und dann mit einem speziellen Hundeshampoo, das nicht, wie normale Seife, der Haut und dem Fell alle natürlichen Schutzstoffe entzieht. Ein Haarkleid mit normalem Fettgehalt ist – ähnlich wie bei unseren Schwimmvögeln – der natürlichste und zugleich zuverlässigste Schutz gegen Witterungseinflüsse, es ist außerdem schmutz- und staubabweisend.

Prüfungen

Die Schutzhundprüfung

Ist die Erziehung des Junghundes die Basis jeglicher Ausbildung des Dobermanns zum Leistungshund, so sollte diese in der Teilnahme an Schutzhundprüfungen ihren Abschluß finden. Schutzhundprüfungen werden in den Stufen I, II und III durchgeführt. Die Leistungen werden unter Berücksichtigung verschiedener Schwierigkeitsgrade nach einem Punktsystem bewertet. Jede SchH-Prüfung (gleich welcher Stufe) wird in drei Abteilungen bewertet, und zwar:

A Fährtenarbeit,
B Unterordnung (Gehorsamsleistungen),
C Schutzdienst (Mannarbeit am Scheintäter).

Die Höchstpunktzahl beträgt in jeder Abteilung 100 Punkte. Somit kann eine Gesamtpunktzahl von 300 Punkten erreicht werden. Die Wertnoten bewegen sich je nach Punktzahl von „vorzüglich“ bis „ungenügend“. Seit

Sport und Bewegung liebt der Dobermann über alles

1965 gibt es auch eine neue Prüfungsstufe, die SchH-A. Diese Prüfungsstufe enthält keine Fährtenarbeit.

Die Ausdauerprüfung

Als weitere Prüfung kennen wir die Ausdauerprüfung (AD). Diese ist aus der Erkenntnis heraus ausgearbeitet worden, daß viele Dobermann-Besitzer daran interessiert sind, neben den bekannten Prüfungen für Schutz- und Fährtenhunde ihren Dobermann auf Ausdauer hin zu trainieren. Gerade in der heutigen Zeit ist es wichtig, dem Dobermann genügend Bewegung zu verschaffen. Das Temperament und die Lauffreudigkeit prädestinieren diese Rasse zu solcher Arbeit. Außerdem will der Dobermann-Verein auch solchen Dobermann-Besitzern Möglichkeiten der sportlichen Betätigung geben, deren Hunde aus irgendwelchen Gründen keine anderen Prüfungen ablegen können. Darüber hinaus vertieft das Ausbildungstraining die Erkenntnisse über das Wesen des Hundes, und die Bindung zwischen Führer und Hund wird erheblich gefestigt. Den in Städten lebenden Hunden gibt es die so notwendige und dienliche Bewegung, die auch die Gesundheit des Dobermanns erhält.

Die Fährtenhundprüfung

Eine besonders wichtige Prüfung stellt die sogenannte Fährtenhundprüfung (FH) dar. Ein Hund, der zu einer FH geführt wird, muß mindestens die SchH-Prüfung in Stufe I bestanden haben und 20 Monate alt sein. An einen durchgearbeiteten Fährtenhund (Suchhund oder Spürhund) werden besondere Anforderungen gestellt, wie beispielsweise im Rettungswesen, als Katastrophen-, Lawinen- oder auch als Suchhund, beim Auffinden von Drogen, bei Behörden und im Polizeidienst.

Die Verkehrsbegleithundprüfung

Außerdem kennen wir noch die Verkehrsbegleithundprüfung (VB), die die Verkehrssicherheit von Begleithunden prüft.

Die Schutzhundprüfung A, die Ausdauerprüfung, die Fährtenhundprüfung und auch die Verkehrsbegleithundprüfung werden nicht als Ausbildungskennzeichen in bezug auf die Zuchtschau oder die Körordnung anerkannt.

Die Zuchttauglichkeitsprüfung (ZTP)

Sinn und Zweck einer Zuchttauglichkeitsprüfung ist es, dem Zuchtziel entsprechend geeignete Dobermänner für die Zucht zu ermitteln und ungeeignete Hunde von der Zucht fernzuhalten.

Zuchttauglichkeitsprüfungen sind eigenständige Veranstaltungen, die von Zuchtrichtern abgenommen werden.

Sie können nicht in Verbindung mit Zuchtschauen oder Schutzhundprüfungen abgehalten werden. An einer ZTP können alle Dobermänner teilnehmen, die nach den Zuchtbestimmungen des DV e. V. gezüchtet wurden. Das Mindestalter der teilnehmenden Hunde ist 14 Monate. Die Abwicklung der Prüfung geschieht folgendermaßen:

1. Feststellung des Formwertes,
2. Wesenserprobung.

Zu 1.: Rüden müssen am Tag der ZTP mindestens den Formwert „sehr gut", Hündinnen den Formwert „gut" erhalten.

Zu 2.: Ängstliche und scheue Hunde sind von der Zucht auszuschließen. Die Wesenseinstufung erfolgt in 1a und 1b sowie zuchtuntauglich. Hunde, die in ihrem Gesamtwesensbild in Ordnung sind, erhalten die Wesenseinstufung 1a. Hunde, die in ihrem Gesamtwesensbild noch im Sinne des Standards vertretbar sind, erhalten die Wesenseinstufung 1b. In 1a kann nur der Hund eingestuft werden, der sowohl in den Kampfhandlungen als auch in der Ruhelage einen sicheren, einwandfreien Eindruck hinterläßt. In 1b wird der Hund eingestuft, der in Ruhelage sich vertretbar verhält und

Die Sieger einer Bundesleistungsprüfung

Schutztrieb und etwas Kampftrieb zeigt.

Scheue, nervöse und feige Hunde können nicht zuchttauglich erklärt werden. Hunde, über deren Verhalten noch berechtigte Zweifel in bezug auf die geforderte Wesensfestigkeit und die Zuchttauglichkeit bestehen, können zurückgestellt werden. Diese Hunde dürfen jedoch vor Ablauf von drei Monaten keinem anderen Richter vorgeführt werden.

Wie schon erwähnt, muß jeder zur Zucht verwendete Dobermann, der im DV e. V. eingetragen ist, eine Zuchttauglichkeitsprüfung absolvieren. Jeder Hund, der an einer ZTP teilnimmt, muß erst auf Hüftgelenksdysplasie hin geröntgt werden. Diese Untersuchung nimmt jeder vom Dobermann-Verein zugelassene Tierarzt vor.

Die Körung

Die Körung bezweckt die Feststellung der hinsichtlich ihres Formwertes und der guten Wesensanlagen besonders zur Zucht zu empfehlenden Hunde. Angekörte Hunde werden registriert und die Aufzeichnungen darüber im Zuchtbuch des DV e. V. veröffentlicht, um die Züchter entsprechend zu informieren. Angekörte Hunde sind solche Hunde, die zur Zucht besonders empfohlen werden. Unterschieden wird zwischen zwei Körstufen.

Die Erstkörung erfolgt auf die Dauer von zwei Jahren. Danach kann der Hund zur Zweitkörung vorgeführt werden. Besteht der Hund die Zweitkörung, so kann er auf Lebenszeit angekört werden. Wird der Hund zwei Jahre nach der Erstkörung nicht wieder vorgeführt, verliert der Körschein seine Gültigkeit. Der Körschein wird zum Bestandteil der Ahnentafel. Die Körung wird von Körmeistern durchgeführt, welche vom Dobermann-Verein speziell für diese Aufgabe geschult und eingesetzt werden. Sämtliche Unterlagen für vereinseigene Prüfungen sind vom DV e. V. anzufordern. Außerdem darf auf Fachliteratur verwiesen werden, die die Ausbildung des Gebrauchshundes zum Thema hat.

Die Prüfungsordnung sowie die genauen Ausführungsbestimmungen für Schutzhundprüfungen, die von der AZG, der Arbeitsgemeinschaft der Zucht- und Gebrauchshundverbände, ausgearbeitet und herausgegeben wird, können Sie bei den am Schluß des Buches genannten Stellen erhalten.

Die AZG wacht über eine tierfreundliche und artgerechte Ausbildung der Hunde. So verbietet sie beispielsweise ihren Mitgliedern – das sind alle Gebrauchshundverbände, die dem VDH unterstehen – die Verwendung ferngesteuerter elektronischer Schockapparate zu Ausbildungszwecken.

Die in der Prüfungsordnung II und III vorkommende Bretterwand von 1,60 m bis 1,80 m wurde ebenfalls von der AZG als Schrägwand abgeändert, um die Bänder und Gelenke der

Hunde zu schonen. Der Dobermann-Verein e. V. ist ein Mitgliedsverein der Arbeitsgemeinschaft für Zucht- und Gebrauchshundverbände und kann dort fruchtbare und verantwortungsvolle Arbeit zum Wohle des gesamten Gebrauchshundwesens leisten.

Ich möchte nun noch ein paar grundlegende und, wie ich finde, äußerst wichtige Gedanken anfügen. Spezielle Fähigkeiten, die Hunde für Schutzhund- und andere Prüfungen beigebracht bekommen und auf diesen unter Beweis stellen, werden sich mit Sicherheit nicht vererben. Aber um die geforderten Leistungen erbringen zu können, müssen die Hunde Mut, Härte und Kampftrieb besitzen, Wesensmerkmale also, die weitervererbbar sind. Um diese Anlagen zu erkennen und objektiv beurteilen zu können, sind Prüfungen notwendig. Daß Hunde überhaupt zu solchen Leistungen fähig sind, beruht auf dem züchterischen Einfluß und natürlich auf der Ausbildung durch den Menschen.

Darum darf ich ein Wort des großen Philosophen Immanuel Kant an den Schluß dieses Abschnittes stellen:

„Die Erziehung ist das größte Problem und das Schwierigste, was den Menschen kann aufgegeben werden!"

Der Dobermann als Lebensretter

Wir können dieses Wort sinngemäß für die Ausbildung unserer vierbeinigen Freunde übernehmen.

Der Dobermann-Verein e. V.

Friedrich Louis Dobermann, der am 9. 6. 1894 verstorben ist, hat uns Hundefreunden ein großes Vermächtnis hinterlassen. Nach seinem Tod beteiligten sich zahlreiche Züchter an der Verbreitung und Förderung dieser damals neuen Hunderasse. Es ist überliefert, daß dem ersten bedeutenden Züchter, Otto Göller, ebenfalls wie Dobermann in Apolda beheimatet, für die Verbreitung dieser Dobermann-Rasse große Verdienste zukommen. Er benannte seinen Zwinger „von Thüringen" und versandte schon damals Hunde nach Mittel- und Südamerika.

Am 27. August 1899 wurde unter Vorsitz von Otto Göller anläßlich einer Schau des Kynologischen Vereins Apolda der erste Rasseverein gegrün-

Schwarz und Braun

det: der „Dobermann-Pinscher-Club Apolda“. Im Jahr 1900 wurde dieser Club, unter Weitersteckung seiner Ziele, in „Nationaler Dobermann-Pinscher-Club für Deutschland e. V., Sitz Apolda“, umbenannt. Als sich in den darauffolgenden Jahren im gesamten Deutschland mehrere andere Clubs dieser Art bildeten, nannte man diese Vereinigung in Apolda in Züchterkreisen auch den Urclub von 1899.

Der Dobermann-Verein e.V., Rechtssitz München, ist die züchterische Vereinigung aller Dobermann-Liebhaber. Er führt für diese Rasse das vom Verband für das Deutsche Hundewesen allein anerkannte Zuchtbuch. Er bezweckt die stammbuchgemäße Zucht des Dobermanns, die Förderung seiner Leistungsfähigkeit und guten Gebrauchseigenschaften, um ihn als tüchtigen und treuen Gebrauchshund und als angenehmen und zuverlässigen Schutz-, Haus- und Begleithund zu verbreiten. Außerdem berät er die Züchter und Besitzer von Dobermännern in allen kynologischen Fragen und hundesportlichen Angelegenheiten. Er führt Veranstaltungen kynologischer Art wie Zuchtschauen, Sonderausstellungen, Schutzhundprüfungen, Leistungsprüfungen, Körungen und Zuchttauglichkeitsprüfungen durch.

Der Verein gliedert sich derzeit in 16 Landesgruppen (LG) und etwa 70 Abteilungen (A), verteilt über das ganze Bundesgebiet. Die Abteilungen haben die Aufgabe, die Förderung der Zucht sowie die Beratung der Züchter durch Veranstaltungen in ihrem Bereich durchzuführen. Alle Mitglieder des Dobermann-Vereins erhalten die monatlich erscheinende Vereinszeitschrift „Unser Dobermann“ kostenlos zugestellt.

Der DV e. V. ist Mitglied der Internationalen Dobermann-Clubs, die die Belange der Rasse weltweit wahrnehmen sowie ihre Verbreitung fördern. Der Dobermann-Verein hat größtes Interesse an der Zusammenarbeit mit allen Rassezucht- und Gebrauchshund-Vereinen, speziell natürlich der Gebrauchshundrassen, zum Wohle der gesamten Rassehundezucht in Deutschland. Er ist selbstverständlich auch Mitglied im VDH, dem Verband für das Deutsche Hundewesen e. V., Dortmund, und somit auch der FCI, der Fédération Cynologique Internationale, angeschlossen.

Dobermann-Freunde rund um den Erdball sind Mitglieder des DV, um sich laufend über den Stand der Zucht im Mutterland der Rasse zu informieren.

Kostenloser Welpen-Service von Pedigree® Pal®

Haben Sie einen Welpen?

Als frischgebackener Hundebesitzer hat man viele Fragen: Wie wird mein Hund stubenrein? Wie lernt er, an der Leine zu gehen? Wie erziehe ich ihn? Was sollte er fressen? Und vieles mehr. Pedigree® Pal® bietet jedem Welpenbesitzer einen kostenlosen Informations-Service, der Sie während des ersten Lebensjahres Ihres Hundes begleitet. So erhalten Sie bis zu fünfmal immer genau die Informationen über Verhalten, Erziehung und Ernährung, die Sie entsprechend dem Lebensalter Ihres Hundes gerade brauchen. Dazu gibt es viele Tips und Wissenswertes aus der Welt junger Hunde – und machmal eine kleine Überraschung! Wenn Sie an diesem Service Interesse haben, schreiben Sie einfach an Pedigree® Pal®, wann genau Ihr Hund geboren ist. Die Anschrift lautet:

Pedigree® Pal®,
Postfach 1260,
22859 Hamburg.
Oder rufen Sie an:
01805/33 45 45 (Mo–Fr, 9–18 Uhr, 0,48 DM/Minute)

Ernährung

Der Hund braucht mehr als Fleisch

Leben ist Bewegung. Leben ist Wachstum. Leben ist Stoffwechsel. Damit Lebensvorgänge ablaufen können, muß sich das Lebewesen ernähren. Der Zweck der Ernährung ist es, dem Körper Nährstoffe zuzuführen. Diese dienen der Bewegung, indem sie Energie liefern, dienen dem Wachstum, indem sie die Baustoffe darstellen, dienen dem Stoffwechsel, indem sie verbrauchte Substanzen ersetzen. Nährstoffe befinden sich in der Nahrung. Tiere sind von organischen Stoffen abhängig. Diese gehen sämtlich auf Stoffwechselprodukte der Pflanzen zurück.

Der Hund als Nachfahre des Wolfes steht am Ende der Nahrungskette. Er verwertet nicht die Pflanze selbst, sondern pflanzenfressende Tiere. Die wildlebenden Ahnen unseres Hundes verzehrten ihre Beute meist vollständig. Von daher geht der Begriff „Fleischfresser" am Kern vorbei. Denn nicht nur Muskelfleisch, sondern ebenso die Knochen, Sehnen, das Fell und natürlich die Innereien samt dem pflanzlichen Inhalt wurden verschlungen. Treffender ist also die Bezeichnung „Beutetierfresser".

- Der Hund steht am Ende der Nahrungskette.
- Der Hund benötigt neben Fleisch auch Fett, Mineralstoffe, Vitamine und pflanzliche Materialien.
- Der Hund ist ein Beutetierfresser.

Das Verdauungssystem spaltet die Nahrung auf

Dem Wolf wie auch seinem Nachfahren Hund sind eine Reihe spezialisierter Organe eigen, mit denen er seine Nahrung beschaffen, zerkleinern und verwerten kann. Die Zähne dienen dem Ergreifen und Zerteilen der Beute. Mit Hilfe des Speichels gleitfähiger gemacht, gelangt die Nahrung durch die sehr dehnbare Speiseröhre in den Magen. Hier erfolgt eine erste Aufspaltung der einzelnen Bestandteile. Dieser Vorgang wird im Dünndarm fortgesetzt. Unverzichtbare Hilfe leisten dabei Verdauungsenzyme, die in der Bauchspeicheldrüse gebildet werden. Ihre Aufgabe ist die biochemische Zerkleinerung der Nährstoffe bis auf die Grundbausteine. Nur so zerlegt ist die Nahrung letztendlich verwertbar. Die Nährstoffe werden dann von der Darmschleimhaut aufgenommen und mit Hilfe des Blutkreislaufs in jede noch so entlegene Zelle des Körpers transportiert. Dort erst erfüllen sie ihre eigentliche Funktion. Im Muskel beispielsweise wird die biochemische Energie bestimmter Nährstoffe in Bewegungsenergie umgewandelt, im Knochen dienen andere Nährstoffe als Bausteine den Wachstumsvorgängen. Unverwertbare Bestandteile der Nahrung gelangen in den Dickdarm und werden wieder ausgeschieden.

- Die Nahrung muß aufgespalten werden, um verwertbar zu sein.
- Die Aufspaltung erfolgt hauptsächlich im Darm.
- Die Nährstoffe werden mit dem Blutkreislauf aus dem Darm in alle Körperzellen transportiert.

Hohe Energieausbeute nur bei hochverdaulicher Nahrung

Ob unser Dobermann läuft, springt, mit dem Schwanz wedelt oder vielleicht nur daliegt und Herrchen oder Frauchen beim Lesen zuschaut – jeder dieser Vorgänge braucht Energie, sie ist die treibende Kraft aller Lebensvorgänge. Unser Hund bezieht sie aus seinem Futter. In biochemischer Form gespeichert, gelangt Energie in den Körper und wird dort in die unterschiedlichsten Lebensäußerungen umgewandelt. Bei diesen Umwandlungsprozessen gibt es Verluste. Über Kot und Harn werden Stoffe ausgeschieden, die noch Energie speichern. Auch Wärmeverluste schmälern die Energieausbeute für den Organismus. Dennoch hat das Energieumwandlungssystem „Hund" einen höheren Wirkungsgrad als jedes vom Menschen ersonnene. Eines liegt jedoch auf der Hand: Je höher die Verdaulichkeit der Nahrung ist, desto geringer sind die Energieverluste für den Hund.

- Ohne Energie gibt es kein Leben.
- Die Energie ist in der Nahrung.
- Je höher die Nahrung verdaulich ist, desto besser wird sie verwertet.

Eiweiße sind Baustoff, Energieträger und Wirkstoff zugleich

Jeder Hund benötigt über fünfzig verschiedene Nährstoffe, und zwar Tag für Tag, ein Leben lang. Man kann diese der besseren Übersichtlichkeit halber in Hauptnährstoffgruppen zusammenfassen. Eine wesentliche dieser Gruppen wird von den Eiweißen oder Proteinen gebildet. Sie stellen wichtige Körperbausteine dar. Nur eine einzige Körpersubstanz überhaupt enthält keine Eiweiße als Baustein, und das ist der Zahnschmelz. Alle anderen Gewebe, ob nun Muskel, Nerven, Haut oder innere Organe, bestehen in irgendeiner Form aus Eiweißen. Sogar der Knochen enthält nicht nur Mineralstoffe, sondern eben auch Gerüstproteine. Darüber hinaus werden wichtige Wirkstoffe wie Enzyme und Hormone durch Eiweiße aufgebaut. Außerdem sind Eiweiße eine Energiequelle für Hunde. Die Energieausbeute beim Abbau der Eiweiße ist jedoch nicht besonders hoch. In dieser Hinsicht ist die Nutzung von Fetten effizienter. Fette sind die für den Hund günstigste Energiequelle. Die Ausbeute bei ihrem biochemischen Abbau ist um etwa ein Drittel höher als bei Eiweißen. Fette sind jedoch nicht nur Energielieferanten. Sie stellen auch wichtige Bausteine für Zellmembranen dar und sind unverzichtbarer Bestandteil von bestimmten Hormonen und Vitaminen.

Kohlenhydrate kommen in der Natur in großen Mengen in Pflanzen vor. Das Verdauungssystem des Hundes kann diese nur in erhitzter Form spalten. Dann stellen einige Kohlenhydrate jedoch gute Energielieferanten dar. Weiterhin dienen Kohlenhydrate als Ballaststoffe. In dieser Funktion regen sie die Darmbewegung an und sind so für die Passage der Nahrung durch den Darm unerläßlich. Ebenso wichtige, jedoch grundsätzlich andere Aufgaben erfüllen die Mineralstoffe. Die bekanntesten unter ihnen, Kalzium und Phosphor, bilden die Hauptbestandteile der Knochen. Sie fungieren also als Baustoff. Andere Mineralstoffe werden im Stoffwechsel von Substanzen benötigt, welche Steuer- und Regelungsmechanismen bedienen.

So gibt es eine Reihe von Enzymen und Hormonen, die ohne die Anwesenheit bestimmter Mineralstoffe wirkungslos blieben. Weiterhin laufen so wichtige Vorgänge wie Blutgerinnung, Muskelkontraktionen oder die Erregungsleitung in Nerven nur ab, wenn die dazugehörigen Mineralstoffe dem Körper über die Nahrung zugeführt werden.

Die Gruppe der Mineralstoffe kann man noch einmal unterteilen in Mengenelemente (von diesen wird ein bedeutendes Quantum täglich benötigt) und Spurenelemente (hiervon reichen oft schon ganz geringe Mengen im Mikrogrammbereich aus).

Schließlich müssen noch die Vitamine in der Nahrung sein, von denen es fettlösliche und wasserlösliche gibt. Vitamine haben lebenswichtige Steuerfunktionen, dienen dem Sehvermögen, der Krankheitsabwehr oder dem Energiestoffwechsel.

- Eiweiße sind Baustoff, Energieträger und Wirkstoff zugleich.
- Fette sind die günstigste Energiequelle.
- Mineralstoffe bauen das Skelett auf und steuern lebenswichtige Vorgänge im Stoffwechsel
- Vitamine regeln unverzichtbare Lebensprozesse.

Wachsende Hunde benötigen spezielle Nahrung

Die moderne Tiermedizin hat die Besonderheiten des Hundestoffwechsels genau untersucht. So besteht heute die

Möglichkeit, nicht allein den Energiebedarf eines heranwachsenden Hundes genau anzugeben, sondern auch seinen Bedarf an Kohlenhydraten, Eiweißen und Fetten sowie Mineralstoffen und Vitaminen. Dies ist entscheidend, wenn man das Ziel hat, durch eine artgerechte Bilanzierung von Nahrungsbestandteilen eine gesunde Hundeentwicklung zu fördern.

Ein gutes Beispiel dafür ist der Bewegungsapparat. Mit Hilfe von Messungen der Wachstumsgeschwindigkeit der Knochen, Röntgenaufnahmen des Bewegungsapparates, Bestimmungen der Knochendichte, Vergleich von vielen hundert gesund aufgewachsenen Hunden und weiteren Untersuchungsverfahren ist der Bedarf an Kalzium und Phosphor genau festgestellt worden.

Aufgrund dieser Zahlen sind wissenschaftlich exakte Empfehlungen für die Versorgung mit diesen Mengenelementen möglich – und zwar jeden Monat im Leben eines wachsenden Hundes. Wegen des hohen Bedarfs der Welpen an knochenaufbauenden Mineralstoffen liegt der Kalzium- und Phosphorbedarf in den ersten beiden

Kupiert und unkupiert

Lebensmonaten rund viermal höher als beim erwachsenen Hund. Mit zunehmender Mineralisierung der Knochen nimmt er im Laufe des Wachstums stetig ab.

Um ein gleichmäßiges Knochenwachstum und eine gesunde Skelettentwicklung zu erreichen, kann die Versorgung mit Kalzium und Phosphor eigentlich nur durch eine ausgewogene, altersangepaßte Vollnahrung problemlos gewährleistet werden.

Eine Selbstherstellung von Hundenahrung ist wegen der möglichen Unter- oder Überversorgung mit lebenswichtigen Nährstoffen insbesondere bei Welpen sehr kritisch. So ist in „Eigenmischungen" das Kalzium/Phosphor-Verhältnis meist nicht korrekt ausbilanziert. Die Wachstumsrate junger Hunde und die Unterschiede zwischen einzelnen Hunden werden übrigens nicht allein durch Erbanlagen bestimmt. Auch äußere Faktoren wie Ernährung, Klima oder Krankheiten sind wichtig.

Eine optimale Gestaltung der äußeren Einflußfaktoren kann das Wachstum im positiven Sinne beeinflussen – also eine artgerechte, angemessene Ernährung, gute Haltungsbedingungen und eine vernünftige Krankheitsverhütung, zum Beispiel durch Impfungen. Da es bei jedem Hund Unterschiede der äußeren Bedingungen gibt, variiert die Gewichtsentwicklung von Individuum zu Individuum ein wenig. Das bedeutet, daß es immer Abweichungen des altersentsprechenden Körpergewichtes von den wissenschaftlich ermittelten Durchschnittswerten gibt. Diese Unterschiede sind aber nicht nur von wissenschaftlichem Wert. In der Praxis ergeben sich aus den natürlichen Differenzen bei der Wachstumsgeschwindigkeit Unterschiede beim Bedarf der wachsenden Hunde an Energie, Eiweißen und insbesondere auch Mineralstoffen. Dies muß bei der Ernährung von Welpen und Junghunden bedacht und einkalkuliert werden.

Das Verdauungssystem und der Stoffwechsel von Welpen weisen eine Reihe von Besonderheiten auf. Der Magen ist noch relativ klein, so daß nur eine begrenzte Menge Nahrung aufgenommen werden kann. Diese eingeschränkte Speicherfunktion des Magens macht eine häufige Nahrungsaufnahme notwendig.

Einige Körpergewebe beziehungsweise Organsysteme sind während der ersten Lebensmonate ganz besonders auf eine richtig zusammengesetzte Nahrung angewiesen, um sich so entwickeln zu können, wie es die Natur vorgesehen hat. Hierzu gehören Bewegungsapparat, Abwehrsystem, Fortpflanzungssystem, Haut und Fell sowie Lunge und Atemwege. Anders als das Herz-Kreislauf-System des jungen Hundes, das sich schon im Mutterleib fast vollständig entwickelt hat, reift beispielsweise der Bewegungsapparat erst später aus.

So sind nach der Geburt zwar sämtliche Knochen beim Welpen angelegt und vorhanden, bestehen aber überwiegend noch aus Knorpel, also einem Gewebetyp, der zwar sehr elastisch ist, jedoch nur eine geringe Festigkeit hat. Dieses bindegewebige Gerüst wandelt der Organismus nach und nach zum tragfähigen Knochen um, indem er Mineralstoffe – vor allem Kalzium und Phosphor – einlagert. So entwickelt der Junghund im Laufe vieler Monate die biologisch notwendige Festigkeit seiner Knochen. Solange bleibt den noch nicht voll mineralisierten Knochen die Möglichkeit, weiter zu wachsen. Erst gegen Ende der Wachstumsperiode des Hundes verschließen sich die Wachstumsfugen der Knochen, die bis dahin ein Längenwachstum ermöglicht haben.

Im gesamten Zeitraum der Knochenbildung muß also die Zusammensetzung der Nahrung optimal auf die Bedürfnisse des Knochenwachstums eingestellt sein. Junge Hunde haben keinen Schutzmechanismus vor überhöhter Kalziumzufuhr mit der Nahrung wie erwachsene Tiere.

Unter dem Einfluß von Hormonen wird ein eventueller Kalziumüberschuß überwiegend in den Knochen eingelagert, was im Endeffekt zu einer gesteigerten und gleichzeitig gestörten Verknöcherung führt. Die daraus resultierenden Skelettdeformierungen und Bewegungseinschränkungen sind im späteren Lebensalter nicht wiedergutzumachen. Die Empfehlung, Junghunden eine Kalziumergänzung – selbst bei Verwendung einer vollständigen und richtig bilanzierten Vollnahrung – zukommen zu lassen, ist wissenschaftlich nicht haltbar. Wegen der möglichen Gefahren ist die Gabe von kalziumreichen Nahrungsadditiven deswegen zu vermeiden.

- Wachsende Hunde haben einen höheren Energiebedarf.
- Das heranwachsende Skelett braucht mehr als doppelt so viele Mineralstoffe.
- Spezielle Welpennahrung deckt alle Bedürfnisse ab.

Fertignahrung ist hochwertig, sicher und bequem

Wie wir gesehen haben, benötigen Hunde sehr viele verschiedene Nährstoffe. Diese müssen nicht nur in der optimalen Menge, sondern auch im richtigen Verhältnis zueinander in der Nahrung sein. Hinzu kommen besondere Lebenssituationen wie Wachstum, Phasen hoher körperlicher Belastung, Trächtigkeit oder Alter. Jede dieser Situationen bringt veränderte Nährstoffansprüche mit sich.

Verdaulichkeit und Schmackhaftigkeit des Futters sollen auch gewährleistet sein, damit der Hund den Napf leert. Wollten wir unserem Hund selbst die tägliche Nahrung bereiten, hätten wir das alles zu beachten. Wir müßten den Gehalt der Ausgangsmaterialien an Eiweißen, Fetten, Mineralstoffen und Vitaminen genau kennen. Wer jedoch mißt die Menge essentieller Aminosäuren oder den Vitamingehalt eines Stückes Fleisch? Wieviel Kalzium ist denn nun in der Messerspitze Futterkalk enthalten? Und was ist mit der Zeit, die wir für die tägliche Futterration unseres vierbeinigen Freundes benötigen würden? Am sichersten ist die Verwendung qualitativ hochwertiger Fertignahrung, wie sie von verantwortungsbewußten, erfolgreichen Züchtern empfohlen wird. Alle Nährstoffe sind in richtiger Menge und optimalem Verhältnis enthalten. Man kann genau portionieren, die Fütterung ist sauber, schnell und bequem. Das deutsche Futtermittelrecht regelt die Zusammensetzung streng und genau. Es dürfen nur einwandfreie Rohmaterialien von gesunden Tieren und Pflanzen verwendet werden. Fertignahrung ist also der beste und sicherste Weg, unseren Hund richtig und gesund zu ernähren. Und schmecken wird es ihm ganz gewiß.

- Futterselbstzubereitung ist kompliziert, zeitraubend und erfordert Spezialkenntnisse.
- Fertignahrung ist sicher, hat hohe Qualität und erfüllt alle Nährstoffansprüche des Hundes.

ALTERNATIVE MÖGLICHKEITEN
EINER AUSGEWOGENEN ERNÄHRUNG

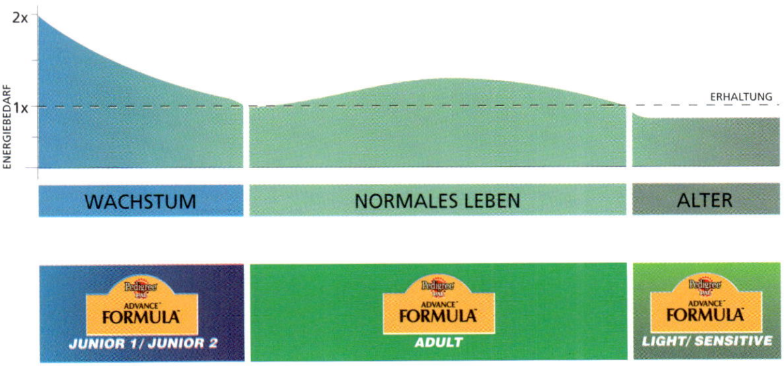

WALTHAM ERNÄHRUNGSBERATUNG

Wichtige Tips zur Fütterung Ihres Hundes

1. Bei der Verwendung von Fertignahrungsmitteln, die als „Alleinfutter“ deklariert sind, erhält Ihr Hund alle lebensnotwendigen Nährstoffe in ausgewogener Zusammensetzung für ein langes, gesundes Hundeleben.
2. Ein Welpe braucht zu Beginn seines Lebens etwa doppelt so viele Nährstoffe und Energie wie ein ausgewachsener Hund, deshalb füttern Sie in der Wachstumsphase ein Fertigfutter, welches für wachsende Hunde bestimmt ist.
3. Verwenden Sie als Milchersatz für Saugwelpen nur spezielle Welpenmilchprodukte, Kuhmilch ist auf keinen Fall zu empfehlen, da sie nicht eiweiß- und fettreich genug ist und zu Durchfällen führen kann.
4. Achten Sie darauf, Futterumstellungen langsam und schrittweise über fünf Tage durchzuführen, so daß sich der Verdauungstrakt des Hundes an die neue Nahrung gewöhnen kann.
5. Füttern Sie stets zur gleichen Zeit und möglichst am gleichen Ort weder zu heiß noch zu kalt (nicht direkt aus dem Kühlschrank).
6. Bieten Sie ihrem Hund nur die Futtermenge an, die er auch auffrißt, keine Futterreste stehenlassen.
7. Frisches Wasser zum Trinken sollte Ihr Hund stets zur Verfügung haben.
8. Füttern Sie Fleisch bitte nur im abgekochten Zustand, bei der Fütterung von rohem Fleisch besteht Infektionsgefahr.
9. Bei der Verwendung eines hochwertigen Fertigfutters brauchen Sie keinerlei Zusatzstoffe oder Ergänzungsfuttermittel zusätzlich zu füttern.
10. Bei älteren Hunden ist die Futtermenge in 2–3 Mahlzeiten aufzuteilen. Die verwendeten Eiweiße müssen hochwertig und hochverdaulich sein.

Gesundheit

Vorbeugen ist besser als Heilen

Artgerechte Haltung, Pflege und Ernährung sind Voraussetzungen für die Gesundheit. Das seelische Wohlbefinden des Hundes ist so wichtig wie das körperliche. Der gesunde Hund nimmt aufmerksam und lebhaft Anteil an seiner Umgebung. Er ist kräftig und ausdauernd. In der Ruhe atmet er 10- bis 20mal, das Herz schlägt 70- bis 100mal in der Minute. Die Körpertemperatur liegt um 38,5 °C. Gesundheit ist nicht nur „Freisein von Krankheiten", sie schließt auch Widerstandskraft gegen Infektionen ein.

Das Haarkleid schützt nicht nur gegen Wind und Wetter, es ist auch Zeichen von Gesundheit. Stumpfes Haar, ständiger Haarausfall und starker Geruch deuten auf innere Erkrankungen hin. Die Haut soll frei von Schuppen und Rötungen sein, kein Juckreiz soll den Hund plagen.

Flöhe, Läuse und Haarlinge kann auch der gepflegteste Hund von einer Hundebegegnung mitbringen. Bei Juckreiz wird als erstes die Haut auf Flohstiche – bis zu linsengroße, geschwollene Rötungen – und das Fell auf Parasitenkot – kleine schwarze Pünktchen – abgesucht. Lieblingssitze der ungebetenen Gäste sind die Innenflächen der Hinterbeine, die „Achselhöhlen" und die Ohrmuscheln. Bei leichtem Befall genügt ein Flohpuder oder -spray. Wirksamer sind Waschlösungen, die das Fell bis auf die Haut benetzen, oder verschreibungspflichtige Mittel, die auf die Haut getropft werden und bis zu vier Wochen wirken. Das Ablecken solcher Mittel muß aber unbedingt verhindert werden. „Anti-Floh-Halsbänder" geben bis zu vier Monaten gas- oder puderförmige Wirkstoffe ab. In Hundehütten können bei einigen Halsbändern Giftgaskonzentrationen auftreten, die auch für den Hund bedenklich sind. Manche Halsbänder verlieren zudem durch Nässe an Wirksamkeit. Bei Flohbefall muß immer das Lager des Hundes mitbehandelt werden. Moderne Spezialmittel töten dabei nicht nur „erwachsene" Flöhe, sondern stoppen auch die weitere Entwicklung der Flohlarven. Hundedecken werden am besten ausgekocht, Teppiche regelmäßig gesaugt und Stroh in der Hütte gewechselt.

Zecken lassen sich aus dem Gebüsch auf den Hund fallen, beißen sich in der Haut fest und saugen sich mit Blut voll. Je länger sie saugen, desto größer ist in bestimmten verseuchten Gegenden die Gefahr, daß eine für Hunde gefährliche Infektionskrankheit, die Borreliose, übertragen wird. Deshalb sollten Zecken so rasch wie möglich entfernt werden. Sie dürfen aber nicht einfach ausgerissen werden, weil dabei die Beißwerkzeuge in der Haut steckenbleiben und Entzündungen verursachen können. Am besten erfaßt man die Zecke mit einer Spezialpinzette und hebelt sie drehend aus der Haut heraus.

Auf keinen Fall darf eine Zecke mit Alkohol betäubt oder mit Öl erstickt werden. Im Todeskampf gibt sie ihren Speichel in die Blutbahn des Hundes ab und damit eventuell Erreger einer Infektion. Inzwischen gibt es, allerdings nur beim Tierarzt, ein Anti-Zecken- und -Flohhalsband, das den Befall mit Zecken weitgehend und das Blutsaugen sicher verhindert.

Die Ohren sollten alle vier Wochen gereinigt werden. Mit Wattestäbchen kann man das Trommelfell zwar kaum verletzen, das Ohrenschmalz aber in der Tiefe zusammenstopfen. Besser ist ein alkoholischer Ohrreiniger, der randvoll ins Ohr eingegossen und bei zugedrückter Ohrmuschel durchmassiert wird. Das gelöste Ohrenschmalz kann der Hund dann selbst ausschütteln, vorzugsweise im Freien.

Dunkle, übelriechende Beläge im Ohr zeigen eine Entzündung an. Meist wird sich der Hund dann auch am Ohr oder – scheinbar – am Halsband kratzen und den Kopf schütteln. Ursache des „Ohrenzwanges" können Ohrenmilben, Grasgrannen oder andere Fremdkörper sowie Bakterien und Pilze sein. Wenn zwei- bis dreimalige gründliche Reinigung mit dem Ohrreiniger keine Besserung bringt, ist eine gezielte Behandlung erforderlich.

Die Augen werden mit einem Stückchen Mullbinde oder einem Taschentuch vom „Schlaf" gereinigt. Fusseln von Watte oder Papiertaschentüchern reizen die Schleimhäute. Bindehautentzündungen können auch durch Zugluft, Staub oder starke Sonne verursacht werden. Zur Linderung werden Augentropfen in den heruntergezogenen Bindehautsack geträufelt. Borwasser wird heute nicht mehr verwendet, weil feine Kristalle als Fremdkörper wirken können. Länger andauernder wäßriger, schleimiger oder eitriger Augenausfluß sollte nicht mit Hausmitteln kuriert werden. Es könnte eine Infektion vorliegen. Wucherungen auf der Rückseite der Nickhaut müssen meist operativ behandelt werden.

Die Zähne werden durch Hundekuchen oder Knochen ausreichend gereinigt. Auch die Tortur des Zähneputzens kann Zahnstein kaum verhindern. Zur Entfernung weicher Beläge eignet sich am ehesten ein Wattebausch, getränkt mit dreiprozentiger Wasserstoffsuperoxydlösung. Zahnstein ist ein fest anhaftender brauner Belag aus verhärteten Salzen. Fauliger Mundgeruch durch Zahnfleischentzündungen und -vereiterungen sowie Zahnausfall sind die Folgen. Zahnstein sollte frühzeitig fachkundig entfernt werden.

Lose Zähne müssen gezogen werden. Da der Hund keine Beute jagen, festhalten oder zerreißen muß, kann er auf schmerzende Zähne gut verzichten. Nach Entfernung der Eiterherde wird er sich auch allgemein wohler fühlen, denn sie können den Körper vergiften und zum Beispiel chronische Herzklappenentzündungen auslösen.

Die Analbeutel sollen eigentlich bei jedem Kotabsatz eine individuelle Duftmarke zur Revierkennzeichnung hinterlassen. Infolge der Domestikation funktioniert die Entleerung häufig nicht richtig. Sekretstauungen sind die Folge; den Juckreiz versucht der Hund vergeblich durch Rutschen auf dem After zu beseitigen. Dieses „Schlittenfahren" ist entgegen landläufiger Vermutung fast nie auf Wurmbefall zurückzuführen. Stark gefüllte Analbeu-

Jugendsieger Rüden schwarz

tel müssen fachkundig ausgedrückt, vereiterte müssen tierärztlich behandelt werden.

Die Krallen werden nur bei regelmäßigem Auslauf auf hartem Untergrund ausreichend abgelaufen. Nur bei krankhaftem Hornwachstum oder Stellungsfehlern müssen sie geschnitten werden. Dabei soll die in der Kralle verlaufende Ader nicht verletzt werden. „Wolfskrallen", Überbleibsel der an sich verkümmerten fünften Zehe an Vorder- und Hinterläufen, können bei Verletzungen stark bluten. Sie sollten vorsorglich amputiert werden. Das geschieht üblicherweise schon bei neugeborenen Welpen.

Erste Hilfe tut not

Hautverletzungen müssen genau inspiziert werden. Oberflächliche Abschürfungen und Schrunden können mit Hausmitteln behandelt werden. Auf jeden Fall werden im Bereich der Verletzungen die Haare mit einer gebogenen Schere kurz abgeschnitten. Sie verkleben sonst mit dem Wundsekret; Vereiterung ist die Folge. Die Wunde wird mit Wundgel, -spray oder -tinktur behandelt. Fetthaltige Salben behindern den heilungsfördernden Luftzutritt, Puder verkrustet.

Bei tieferen Wunden mit Durchtrennung der Haut sollte umgehend ein Tierarzt hinzugezogen werden. Bei Beißereien und Stacheldrahtverletzungen wird die Haut oft vom Körper losgerissen, so daß tiefe Taschen zu versorgen sind. Von Fall zu Fall ist zu prüfen, ob eine „offene Wundbehandlung" oder eine Naht besser ist. Nur frische Wunden können mit Aussicht auf komplikationslose Heilung genäht werden.

Eine offene, aus der Tiefe nässende oder eiternde Wunde darf der Hund belecken. In allen anderen Fällen wird die Wundheilung behindert, weil die zarten Heilungszellen am Wundrand gestört werden. Das Belecken von Wunden und das Abreißen von Verbänden können durch einen Halskragen verhindert werden, den es fix und fertig vom Tierarzt gibt.

Wundstarrkrampf ist beim Hund selten. Impfungen sind daher nicht üblich. Zur Vorbeugung sollen Wunden ausbluten und nicht luftdicht abgedeckt werden. Wenn größere Adern verletzt sind, kommt es zu andauernden, starken Blutungen. Häufig tritt Blut im Strahl aus. Dann muß zur Ersten Hilfe ein Druckverband angelegt werden. An ungünstigen Körperstellen wie am Kopf kann auch von Hand eine Kompresse aufgedrückt werden. Gliedmaßen können abgebunden werden, die Abbindung muß aber viertelstündlich kurz gelöst werden. In solchen Fällen ist stets umgehend tierärztliche Hilfe erforderlich.

Unfälle können auch zu inneren Verletzungen und Gehirnerschütterungen führen. Bei Bewußtseinstrübungen soll nie Flüssigkeit eingeflößt werden.

Die Maulschleimhaut kann aber mit Kaffee, Tee oder auch einfach mit Wasser befeuchtet werden. Der Hund wird vorsichtig getragen oder seitlich mit tiefliegendem Kopf und herausgezogener Zunge auf einer Decke gelagert, die, von zwei Personen an den Ecken strammgezogen, auch als „Trag-

Ein edler Kopf

Eine schöne Dobermann-Hündin

bahre“ dient. Am Unfallort sind meistens die Diagnose und vor allem eine wirksame Schockbehandlung erschwert. Telefonisch sollte zur Vermeidung unnötiger Wege und Zeiten ein dienstbereiter Tierarzt verständigt und umgehend aufgesucht werden.

Lahmheiten können viele Ursachen haben. Als erstes wird die Pfote untersucht. Dornen oder Splitter werden ausgezogen. Verfilzte Haare drükken zwischen den Ballen wie ein Stein im Schuh; sie werden daher vorsichtig ausgeschnitten. Wunde Stellen werden wie Hautverletzungen behandelt. Im Winter müssen Streusalzreste von den Pfoten abgewaschen werden. Bei Krallenbettentzündungen können warme Kamillen- oder Seifenbäder Linderung bringen. Lose Krallenteile werden an der Bruchstelle beherzt abgeschnitten. In vielen Fällen ist ein Verband erforderlich. Er muß fachkundig angelegt werden, um Druckstellen zu vermeiden.

Bei Schwellungen, Prellungen und Verstauchungen kann das Fell des betroffenen Körperteils mehrmals täglich mit kaltem Wasser durchnäßt werden. Das wirkt wie ein Kühlverband, lindert den Schmerz und hemmt – frühzeitig angewendet – weitere Schwellungen. Wenn ein Bein überhaupt nicht belastet wird, besteht Verdacht auf Knochenbruch. Bei stark abnormer Beweglichkeit können die Gliedmaße durch eine Notschiene ruhiggestellt werden. Andauernde, wiederkehrende oder sich verschlimmernde Bewegungsstörungen sind stets ein Fall für den Tierarzt. Das Humpeln auf einem Hinterbein wird nicht selten durch eine Ausrenkung der Kniescheibe oder durch Riß von Bändern bedingt, die operativ fixiert werden müssen.

Vergiftungen sind meist „Unglücksfälle“ und nur selten böse Absicht. Rattengift kann bei unsachgemäßem Auslegen direkt, aber auch mit vergifteten Nagetieren aufgenommen werden. Meist handelt es sich um Cumarinpräparate, die zu inneren Blutungen führen. Vorsicht ist auch bei Schädlings- und Unkrautbekämpfungs- sowie bei Frostschutzmitteln geboten. Hochgiftige Thallium-, Zinkphosphid- und Arsenzubereitungen, Blausäure und Strychnin sind heute gottlob kaum noch erhältlich. Die besten Überlebenschancen bestehen, wenn man „nach frischer Tat“ das Gift wieder aus dem Magen herausbefördern kann.

Der Tierarzt kann Erbrechen durch eine Spritze auslösen, der Laie durch Eingeben von zwei bis drei Teelöffeln Salz. Nach dem Erbrechen kann eine Aufschwemmung von etwa zehn Kohlekompretten eingeflößt werden. Milch wird nicht gegeben, weil verschiedene Gifte fettlöslich sind. Etwa vorhandene Hinweise auf die Art des Giftes ermöglichen eine rechtzeitige, gezielte tierärztliche Behandlung. Ungewisser sind die Aussichten, wenn Vergiftungsfolgen wie Krämpfe, Mattigkeit oder Brechdurchfall schon eingetreten sind, die Ursache aber nur vermutet werden kann. Eine genaue Diagnose ist oft erst durch Spätschäden wie Blutungen oder Haarausfall möglich. Dann kann es für eine Rettung bereits zu spät sein.

Durchfall ohne Fieber bessert sich häufig nach einem Fastentag: Der Hund erhält ausschließlich stark verdünnten Tee mit einer Prise Salz, aber ohne Zucker. Zur Geschmacksverbesserung ist Süßstoff erlaubt. Zusätzlich ist es nie verkehrt, eine Aufschwemmung von Kohlekompretten einzugeben. Keinesfalls darf Durchfall mit Wasserentzug „behandelt“ werden; der Körper würde zu stark austrocknen. Am zweiten Tag erhält der Hund in kleinen Portionen ein Diätfutter, zum Beispiel Beefsteakhack, Schmelzflokken und rohen geriebenen Apfel. Am dritten Tag muß der Kot zumindest wieder dickbreiig sein.

Verstopfungen lassen sich oft durch rohe Leber oder Milz oder einige Teelöffel süßer Dosenmilch beheben. Bei krampfhaft vergeblichem Drängen kann ein Mikroklistier Erfolg bringen. Bei einer Verhärtung von Knochenteilen im Enddarm hilft allerdings meist nur ein fachgerechter Einlauf.

Erbrechen ist keine selbständige Krankheit. Einmaliges Erbrechen kann durch zu hastiges Fressen, zu kaltes Futter oder Aufnahme von Fremdkörpern ausgelöst werden. Gelegentliches Erbrechen ist beim Hund ohne große Bedeutung. Um zu erbrechen frißt der Hund häufig Gras. Geschieht das regelmäßig oder wird ständig das Futter erbrochen, muß ein Tierarzt hinzugezogen werden. Auch Durchfall und Erbrechen mit Fieber sind kein Fall für Hausmittel.

Scheinschwangerschaft tritt bei manchen Hündinnen etwa acht Wochen nach der Läufigkeit auf. Sie sind unruhig, „bemuttern“ irgendwelche Gegenstände, fressen schlecht und erbrechen gelegentlich. Das Gesäuge schwillt, Milch bildet sich. Abhilfe schafft häufig wenig Fressen und Trinken bei viel Bewegung und Beschäftigung. Das Gesäuge kann mehrmals täglich mit kaltem Wasser befeuchtet werden, um Schwellung und Milchproduktion zu hemmen. Keineswegs soll die Milch ausgedrückt werden. Damit würde nur die weitere Milchbildung angeregt. Bei sehr starker Gesäugeschwellung und trotz Hausmitteln nicht nachlassenden Erscheinungen muß der Tierarzt verständigt werden.

Insektenstiche, vor allem durch das Schnappen nach Wespen und Bienen verursacht, können schnell zu erheblichen Schwellungen am Kopf oder, noch schlimmer, im Rachen führen. Äußerliche Kühlung mit Eiswürfeln und eine Tablette gegen Allergie ersparen oft nicht die möglichst rasche tierärztliche Behandlung.

Alarmzeichen

Fieber ist eine Abwehrreaktion des Körpers, meist auf Infektionen. Die Hundenase kann auch beim kranken Hund feucht und kühl sein. Die Temperatur muß mit einem Fieberthermometer (je nach Modell bis zu fünf Minuten) im Mastdarm gemessen werden. Sie darf nicht über 39 °C liegen. Untertemperaturen unter 37,5 °C entstehen infolge einer Reduzierung der Stoffwechselvorgänge häufig vor dem Tod.

Husten, als ob ein Knochen im Hals säße, tritt bei Mandelentzündungen auf. Ernstere Infektionen wie Zwingerhusten oder gar Staupe könnten auch vorliegen. Pumpende Atmung entsteht durch eine Lungenentzündung, aber auch durch Wasseransammlung in der Lunge, zum Beispiel infolge von Vergiftungen. Bei alten Hunden kann der damit verbundene Husten auch auf eine Herzschwäche zurückzuführen sein. Bauchpressen und Aufblasen der Backen sind Zeichen höchster Atemnot.

Schleimhäute im Auge und im Fang geben Hinweis auf innere Erkrankungen: Blässe deutet auf Blutarmut hin, Gelbfärbung auf Leberschäden mit Gelbsucht, Blutungen auf schwere Infektionen oder Vergiftungen, eine bläuliche Färbung tritt bei Herz- und Kreislaufschwäche auf.

Kot und Urin mit Blutbeimengungen lassen krankhafte Veränderungen erkennen. Bei Blutungen im Magen und in den vorderen Darmabschnitten kann der Stuhl durch das verdaute Blut pechschwarz aussehen. Nierenerkrankungen können auch mit erhöhtem Durst verbunden sein. Wenn Mattigkeit und Mundgeruch hinzukommen, ist meist bereits eine Harnvergiftung eingetreten.

Harnsteine, Blasenriß oder Vergiftungen können dazu führen, daß überhaupt kein Urin mehr abgesetzt wird; dann besteht höchste Gefahr. Geschwülste, Prostatavergrößerungen und Mastdarmveränderungen erschweren den Kotabsatz. Verhärtete Knochenteile können den Enddarm völlig verstopfen. Erbrechen und zunehmende Mattigkeit bei fehlendem Kotabsatz sprechen für Darmverschluß oder einen Fremdkörper im Darm.

Speicheln wird im harmlosesten Fall durch Fremdkörper in der Maulhöhle oder durch lose Zähne verursacht, bedenklicher wäre eine E 605-Vergiftung oder Pseudowut, schlimmstenfalls ist an Tollwut zu denken.

Umfangsvermehrungen des Bauches bei sonst normalem Ernährungszustand oder zunehmender Abmagerung können durch Tumore oder Bauchhöhlenwasser hervorgerufen werden.

Bei einer Gebärmuttervereiterung besteht gleichzeitig fast immer starker Durst, gelegentlich auch Scheidenausfluß. Eine plötzliche Aufblähung des Bauches mit Kolik und Kreislaufschwäche, bedingt durch eine Magendrehung, erfordert unverzügliche Operation. Eine Entzündung der Kaumuskeln mit Schwellung und Verhärtung sowie hervortretenden Augäpfeln muß sofort tierärztlich behandelt werden.

Infektionen bedrohen die Gesundheit

Staupe und ansteckende Leberentzündung (Hepatitis) sind Viruskrankheiten, die für Junghunde be-

Kraft und Geschmeidigkeit
des Dobermanns zeigen sich
in diesen Bewegungsstudien

sonders gefährlich sind, aber auch ältere Hunde befallen. Staupe beginnt mit einem häufig kaum merkbaren, kurzen Fieber, dem nach etwa acht Tagen eine schwere Lungenentzündung mit eitrigem Augen- und Nasenausfluß oder ein Durchfall folgt. Eine besondere Verlaufsform ist mit einer Verhärtung der Ballen verbunden. Nach scheinbarer Besserung treten nervöse Erscheinungen bis hin zu Krämpfen auf, die meistens zum Tod führen. Nach überstandener Staupe bleibt häufig ein nervöses Zucken der Kopfmuskeln, der „Staupetick", nach Erkrankungen im Junghundealter das „Staupegebiß" mit erheblichen Zahnschmelzdefekten zurück.

Die ansteckende Leberentzündung verläuft ähnlich, mit hohem Fieber, Apathie und Appetitlosigkeit. Hornhauttrübungen können bleibende Folgeschäden sein.

Stuttgarter Hundeseuche (Leptospirose) wird durch Bakterien verursacht und von Hund zu Hund übertragen. Sie beginnt häufig mit einer Schwäche in den Hinterbeinen. Geschwüre im Maul, Magen und Darm sind mit aasartig-faulem Maulgeruch und blutigem Durchfall verbunden.

Tollwut tritt bei Hunden nur noch selten auf. Die Seuche wird vor allem durch Füchse übertragen. Hinweisschilder warnen in gefährdeten Gebieten vor Tollwut. Die Krankheit ist besonders tückisch: Die typischen Wuterscheinungen mit heiserem Gebell, Wasserscheue, Unruhe und unmotivierter Beißwut fehlen häufig. Die „stille Wut" ist im Anfangsstadium schwer zu erkennen. Ein erkranktes Tier stirbt immer.

Parvovirose ist eine Viruskrankheit, die sich bei Hunden aller Altersgruppen in schweren, durch Erbrechen und Durchfall gekennzeichneten Erkrankungen äußert. Bei Welpen kann plötzlicher Herztod auftreten. Der Erreger ähnelt dem Katzenseuchevirus; eine wechselseitige Ansteckung zwischen Hund und Katze ist jedoch nicht möglich. Die Ansteckung erfolgt über Ausscheidungen von Hund zu Hund, aber auch durch Verschleppung angetrockneter Ausscheidungen, zum Beispiel an Kleidungsstücken.

Impfungen schützen vor diesen Infektionskrankheiten

Welpen in gefährdeten Zuchten oder ungeimpfte Hunde mit verdächtigen Krankheitserscheinungen können mit einem Serum behandelt werden, das fertige spezifische Abwehrstoffe enthält. Diese „passive Immunisierung" schützt aber nur für zwei bis drei Wochen. Der Käufer eines Hundes sollte den Impfpaß daraufhin genau prüfen.

Länger dauernden Schutz vermittelt nur die „aktive" Schutzimpfung. Dabei werden abgeschwächte oder abgetötete Infektionserreger eingeimpft. Der Körper reagiert darauf mit der Bildung eigener Abwehrstoffe. Bei den heute üblichen Kombinationsimpfstoffen kennzeichnen die Buchstaben S, H, L, T und P die Wirksamkeit gegen die in Frage kommenden Seuchen. Welpen werden mit sechs bis acht Wochen das erste Mal geimpft und müssen dann mit etwa zwölf Wochen nach Impfplan nachgeimpft werden. Auch bei älteren, noch nicht geimpften Hunden empfiehlt sich eine zweimalige Grundimmunisierung, um einen umfassenden Impfschutz gegen alle Infektionskrankheiten aufzubauen.

Der einmal gebildete Impfschutz baut sich im Laufe der Zeit ab. Kommt der Hund mit betreffenden Seuchenerregern in Berührung, so wird die Antikörperbildung aufgefrischt. Ist der Impfschutz aber bereits zu stark abgesunken, kann der Hund erkranken. Deshalb sind regelmäßige Auffrischungsimpfungen erforderlich, am besten jährlich mit einem Kombinationsimpfstoff. Denn die Tollwutimpfung wird ohnehin nur für ein Jahr anerkannt, die Leptospiroseimpfung wirkt nicht länger, und gegen die seit einiger Zeit wieder bedrohlich zunehmende Staupe gilt es, auf Nummer Sicher zu gehen.

Ein sicherer Impfschutz des Hundes ist auch für den Menschen wichtig. Erkrankte Hunde können Leptospiren übertragen, die beim Menschen das „Canicola-Fieber“ oder die „Weilsche Krankheit“ hervorrufen. Hundetollwut ist wegen des engen Kontaktes für Menschen viel gefährlicher als Wildtollwut. Geimpfte Hunde übertragen keine Tollwut. Nach einem Kontakt mit verdächtigem Wild brauchen sie deshalb auch nicht getötet zu werden, wie dies für ungeimpfte Hunde gesetzlich vorgeschrieben ist.

Gegen andere Infektionen schützt Vorsicht

Toxoplasmose wird durch einzellige Schmarotzer hervorgerufen. Ihr Stammwirt ist die Katze. Bei anderen Tieren werden ansteckungsfähige Dauerformen gebildet. Hunde erkranken überwiegend durch infiziertes Schweinefleisch. Für die Ansteckung des Menschen wurden sie früher zu Unrecht verantwortlich gemacht.

Aujeszkysche Krankheit wird ebenfalls durch Schweinefleisch übertragen. Unstillbarer Juckreiz, Unruhe, Ängstlichkeit und Speichelfluß haben gewisse Ähnlichkeit mit Tollwut. Die Krankheit wird daher auch „Pseudowut“ genannt. Schweinefleisch und in der Zusammensetzung unbekannte Fleischmischungen, zum Beispiel aus Supermärkten, müssen deshalb gut durchgekocht werden. Fertigfutter und Rindfleisch sind dagegen unbedenklich.

Zwingerhusten tritt vor allem in Tierheimen und Hundehandlungen auf. Unter begünstigenden Umständen lösen Viren und Bakterien gemeinsam Entzündungen von Luftröhre und Bronchien aus.

Kennzeichnend ist ein kurzer, trokkener Husten. Sekundärinfektionen können den Krankheitsverlauf verschlimmern. Während des Urlaubs sollte man seinen Hund nicht in unbekannte Heime oder Pensionen geben oder ihn vorsorglich auch gegen Zwingerhusten impfen lassen.

Wurmkuren gegen unerwünschte Kostgänger

Spulwürmer können bei Junghunden zu Verdauungs- und Entwicklungsstörungen, zu Vergiftungserscheinungen und sogar zum Tod führen. Fast alle Welpen werden im Mutterleib mit Spulwürmern infiziert. Die ersten Wurmkuren soll schon der Züchter durchführen. Junghunde werden vierteljährlich entwurmt. Ältere Hunde beherbergen nur noch einzelne Würmer. Sie richten zwar keinen großen Schaden an, sind aber eine ständige Infektionsquelle. Hündinnen sollten zumindest sechs Wochen nach jeder Läufigkeit, Rüden mindestens einmal jährlich entwurmt werden. Bei festgestelltem Wurmbefall ist eine sofortige Entwurmung mit einer Wiederholungsbehandlung nach zwei bis drei Wochen erforderlich. Rohe Möhren garantieren keine Wurmfreiheit. Wirksame und verträgliche Mittel sind verschreibungspflichtig. Sie wirken auch gegen andere Rundwurmarten, zum Beispiel gegen Hakenwürmer.

Spulwürmer sind auf ihre Wirtstierarten spezialisiert; wenn der Mensch Hundespulwurmeier aufnimmt, schlüpfen zwar Larven und beginnen ihre Wanderung im Körper, sie bleiben jedoch in Organen oder Muskeln stecken und können dort schmerzhafte Entzündungen verursachen. Besonders gefährdet sind „Krabbelkinder“. Wurmkuren dienen daher auch dem Gesundheitsschutz der Familie.

Bandwürmer brauchen für ihre Entwicklung stets einen Zwischenwirt. Für den Hundebandwurm ist dies der Floh. Er nimmt die Wurmeier auf, aus denen sich eine Finne entwickelt. Der Hund „knackt“ den Floh, die Finne wächst im Hundedarm zum fertigen Bandwurm aus. Mit dem Kot erscheinen nach geraumer Zeit einzelne kürbiskernförmige, anfangs noch bewegliche Bandwurmglieder oder ein längeres, deutlich gegliedertes Wurmende. Es gibt heute neben speziellen Spulwurm- und Bandwurmmitteln auch Präparate, die gegen beide Parasitenformen wirksam und dabei gut verträglich sind. Empfehlenswert ist eine systematische vierteljährliche Bandwurmbehandlung des Hundes. Zur Bandwurmkur gehört stets eine Flohbehandlung von Hund und Lager.

Besonders bei Jagdhunden kann auch der „gesägte Bandwurm“ auftreten, dessen Zwischenwirte Hasen und Kaninchen sind. Andere Bandwurmarten, die durch Fisch oder Wild, Rinder- oder Schafeingeweide übertragen werden, kommen seltener vor. Dazu zählt der „dreigliedrige Bandwurm“, der auch dem Menschen gefährlich werden kann. Der Hund sollte zur Vorbeuge keine rohen „Konfiskat“-Innereien erhalten und daran gehindert werden, Kadaver von Wildtieren anzufressen.

Für Menschen besonders gefährlich ist der vor allem in einigen Gegenden Mittel- und Süddeutschlands verbreitete „Fuchsbandwurm“, der auch durch Hunde übertragen werden kann. Neben regelmäßigen Bandwurmkuren ist es die beste Vorbeuge, den Hund in Wald und Flur anzuleinen.

Gefahren für die menschliche Gesundheit?

Impfungen und Wurmkuren schränken Ansteckungsgefahren ein. Hygiene tut ein übriges: Selbstverständlich hat der Hund sein eigenes Lager und Futtergeschirr; beides ist peinlich sauber. Rasen und Wege werden von Hundekot freigehalten. Der Hund wird so erzogen, daß er das Gesicht nicht ableckt. Das Belecken der Hände ist Ausdruck seiner Zuneigung. Man darf sie dulden, denn man kann sich die Hände anschließend waschen. Vorsichtige können Lager, Hütte und andere hygienegefährdete Stellen und Gegenstände regelmäßig desinfizieren. Die Mittel sollen gegen Viren, Bakterien und Pilze wirken. Zur Schnelldesinfektion eignet sich besonders ein Spray, der auch Ektoparasiten abtötet.

Besonders angezeigt sind solche Maßnahmen, wenn der Hund eiternde Wunden, Ekzeme, Furunkel oder eine Vorhaut-, Zahnfleisch- oder Mandelentzündung hat.

Diese Infektionen sind konsequent zu behandeln. Eitererreger können auch beim Menschen Komplikationen verursachen. Vorsicht ist stets bei schlecht heilenden oder sich ausbreitenden Ekzemen geboten: Räudemilben sind zwar auf Tierarten „spezialisiert“, können jedoch auch beim Menschen juckende Hautrötungen verursachen. Hautpilzinfektionen sind auf Menschen übertragbar. Daher sollte man umgehend eine Spezialuntersuchung und Behandlung veranlassen. Pilzinfektionen entstehen nur, wenn sich die Erreger länger als 12–24 Stunden auf der menschlichen Haut einnisten können. Gründliches Waschen bannt die Gefahr. Zusätzliche Sicherheit bietet ein Handdesinfektionsmittel, das nach Berührung verdächtiger Stellen oder Ausscheidungen in die Hände eingerieben wird.

Allergien sind auch durch größte Sauberkeit nicht immer zu vermeiden. Einige Menschen reagieren bei Kontakt mit Tierhaaren und -hautteilen mit Ausschlägen oder Atembeschwerden.

Katzen, Meerschweinchen und Vögel sind viel öfter als Hunde die Auslöser; viele andere pflanzliche und tierische Stoffe kommen hinzu. Die Allergieursache kann von einem Hautarzt durch Spezialtests auf der Haut ermittelt werden. Auf Verdacht braucht also kein Hund abgeschafft zu werden. Und vor der Anschaffung eines Dobermanns brauchen auch gesundheitsbewußte Hundefreunde nicht zurückzuschrecken.

Ein stattlicher Rüde

Ergänzung zum Standard

Immer wieder tritt die Frage auf, warum in Deutschland – trotz Kupierverbots – so viele kupierte Hunde zu sehen sind. Dazu ist folgendes festzustellen:

Der vor ca. 150 Jahren von Louis Friedrich Dobermann kreierte Hund trug von Anfang an ein kupiertes Ohr. Er trat zwischenzeitlich seinen Siegeszug rund um die Welt an und zählt heute zu den beliebtesten Rassen unserer vierbeinigen Hausgenossen. In Amerika ist diese deutsche Rasse besonders populär. Zu seinem Erscheinungsbild zählt meines Erachtens das kupierte Ohr, das im übrigen auch aus gesundheitlichen Gründen vorzuziehen ist.

Da jedoch seit 1989 in Deutschland das Kupierverbot gilt, die meisten unserer angrenzenden, europäischen Nachbarländer aber ein solches Verbot nicht kennen, dürfen dort die Ohren nach wie vor kupiert werden. Aus diesem Grund ist im Standard sowohl das kupierte als auch das unkupierte Ohr verankert. Leider hat diese uneinheitliche Regelung dazu geführt, daß die Käufer eines Dobermanns – wegen des offensichtlich ansprechenderen Äußeren – dazu neigen, ihren kupierten Dobermann aus dem Ausland zu beziehen und somit ein sogenannter Kupiertourismus stattfindet. Sehr zum Nachteil der deutschen Züchter übrigens, die den strengsten Zuchtbestimmungen der Welt unterstehen. Hier kristallisiert sich der falsch verstandene Tierschutz heraus. Wichtige Zuchtkriterien rücken meist in den Hintergrund, wenn es darum geht, Optik, Anmut und Adel als Kaufargument anzuführen.

Mit einem immer wieder geforderten Ausstellungsverbot für kupierte Hunde kämen noch größere Probleme auf Deutschland zu. Ausländische Teilnehmer würden dadurch einfach ausgegrenzt, und die strenge deutsche Zucht, die auf internationalen Austausch angewiesen ist, wäre somit zum Scheitern verurteilt. Wo beginnt der Tierschutz – wo endet er?

Auch der gesundheitliche Aspekt sollte nicht außer acht gelassen werden. Schon jetzt zeichnen sich bei vielen vom Kupierverbot betroffenen Rassen vermehrt Krankheiten der Ohren ab, die es in dieser Häufigkeit bei kupierten Hunden nicht gibt.

Der Internationale Dobermann Club (IDC) ist der Zusammenschluß nationaler Dobermann-Vereine. Ein einheitliches Kupierverbot für alle Länder findet unter demokratischen Verhältnissen keine mehrheitliche Zustimmung. Aus diesem Grund finden Sie sowohl auf dem Titelbild als auch im Buch vereinzelt Bilder von kupierten Hunden. Ich möchte dadurch auch den ausländischen Dobermannfreunden Rechnung tragen. Die Entscheidung über die Bildauswahl liegt beim Autor.

Hans Wiblishauser

Nachwort

Sie haben beim Lesen dieses Buches vielleicht Geschichten, Anekdoten oder gar Legenden über den Dobermann vermißt. Ich habe bewußt darauf verzichtet. Unser Hund, von Louis Dobermann „konstruiert", ist heute dank vieler verantwortungsbewußter Idealisten als Rasse soweit ausgereift und von solch hohem Standard, daß es wirklich nicht notwendig ist, ihn durch Halbwahrheiten und Übertreibungen aufzuwerten. Jeder, der sich mit diesem Hund beschäftigt, weiß, daß der Dobermann auf Grund seines Wesens und seiner Reaktionsstärke, seiner Ausdauer und der Geschmeidigkeit seiner Bewegungen – überhaupt auf Grund seiner Eleganz – die Rasse jederzeit gut vertritt.

Wenn Sie dafür sorgen, daß Ihr Dobermann ein „hundewürdiges" Leben bei Ihnen hat, werden Sie in ihm einen unbestechlichen, zuverlässigen Beschützer für Familie und Haus sowie einen treuen Begleiter und Kameraden finden.

Dein Freund – ein Dobermann!

Dankeschön

Es gilt all denen, die dazu beigetragen haben, daß ich dieses Buch schreiben konnte.

Auch möchte ich meiner Mutter gedenken, die durch ihr Verständnis maßgeblichen Anteil am Aufbau meines Hobbys „Leben mit dem Dobermann" hatte.

Meinem leider viel zu früh verstorbenen Freund, Ernst Wilking, der mir mit seiner großen Erfahrung half, das Rüstzeug zu erwerben, um die Tätigkeiten für den Dobermann auch künftig ausführen zu können, bin ich zu besonderem Dank verpflichtet.

Anhang

Anschriften, die Sie kennen sollten

Bundesrepublik Deutschland

Dobermann-Verein e. V. (DV),
Rechtssitz München
Mitglied im VDH und der FCI
Thorwaldsenstr. 29/Rg.
80335 München
Tel.: 0 89 / 1 23 42 24
Fax: 0 89 / 1 23 47 41

1. Präsident
Hans Wiblishauser
Ludwigstraße 23
85652 Pliening bei München

Verband für das
Deutsche Hundewesen e. V. (VDH)
Westfalendamm 174
D-44141 Dortmund
Tel. 02 31 / 5 65 00-0
Fax 02 31 / 59 24 40

Der VDH ist der nationale Dachverband für das Hundewesen in der Bundesrepublik Deutschland. In ihm sind mehr als 130 Rassehunde-Zuchtvereine und Hundesportverbände mit etwa 650 000 Mitgliedern zusammengeschlossen. Er ist seinerseits Mitglied der Fédération Cynologique Internationale (FCI), Sitz Brüssel, der Dachorganisation für die kynologischen Verbände der Welt, in der 45 Länder vereinigt sind.

Über die Adressen der für Sie in Betracht kommenden Gebrauchshundsportvereine informiert Sie gern der Dobermann-Verein e. V.

Literatur

DAGLISCH, E. F.: Hundezucht
GRÜNIG, P.: Unser Dobermann-Pinscher
DORN, F. K.: Hund und Umwelt
MOST, K.: Abrichtung des Hundes

Weiterführende Literatur aus dem Parey Buchverlag

BEYERSDORF, P., 1993: Dein Hund auf Ausstellungen. 2. Auflage

BURTZIK, P., 1996: Erziehung und Ausbildung des Hundes. 5. Auflage.

FIEDELMEYER, L., 1983: Kauf, Pflege und Fütterung des Hundes. 3. Auflage.

HEGENDORF, 1980: Der Gebrauchshund. Haltung, Ausbildung und Zucht. 14. Auflage

KOBER, U., PEPER, W., 1995: Pareys Hundebuch. 2. Auflage.

POORTVLIET, R., 1987: Mein Hundebuch. 2. Auflage.

QUEDNAU, F., 1987: Rechtskunde für Hundehalter.

SCHMIDTKE, H.-O., 1984: Gesundheitsfibel für Hunde. 2. Auflage.

WEIDT, H., 1996: Der Hund, mit dem wir leben: Verhalten und Wesen. 3. Auflage.

Bildnachweis

Seiten 9, 49
F.F.H. FLEITMANN, Minusio (Tessin)

Seiten 11, 13
Sammlung ANNEROSE NAGEL, Hamburg

Seiten 15, 20, 89
Roberto Tierfotografie, Gronau

Seite 16
BEATE TIELE, Berlin

Seiten 24, 56, 59, 63, 77
GÜNTER MACHER, Burgthann

Seiten 29, 36, 44, 50, 65, 70, 79, 84
PAULA HEIKKINEN-LEHKONEN, Luthikylä (Finnland)

Seite 38
HELMUT HORROLT, Nürnberg

Seite 46
MARCEL SCHNEWLIN, Zürich (Schweiz)

Seite 55
ACHIM MEURER, Hennef

Alle übrigen Abbildungen stammen vom Verfasser.

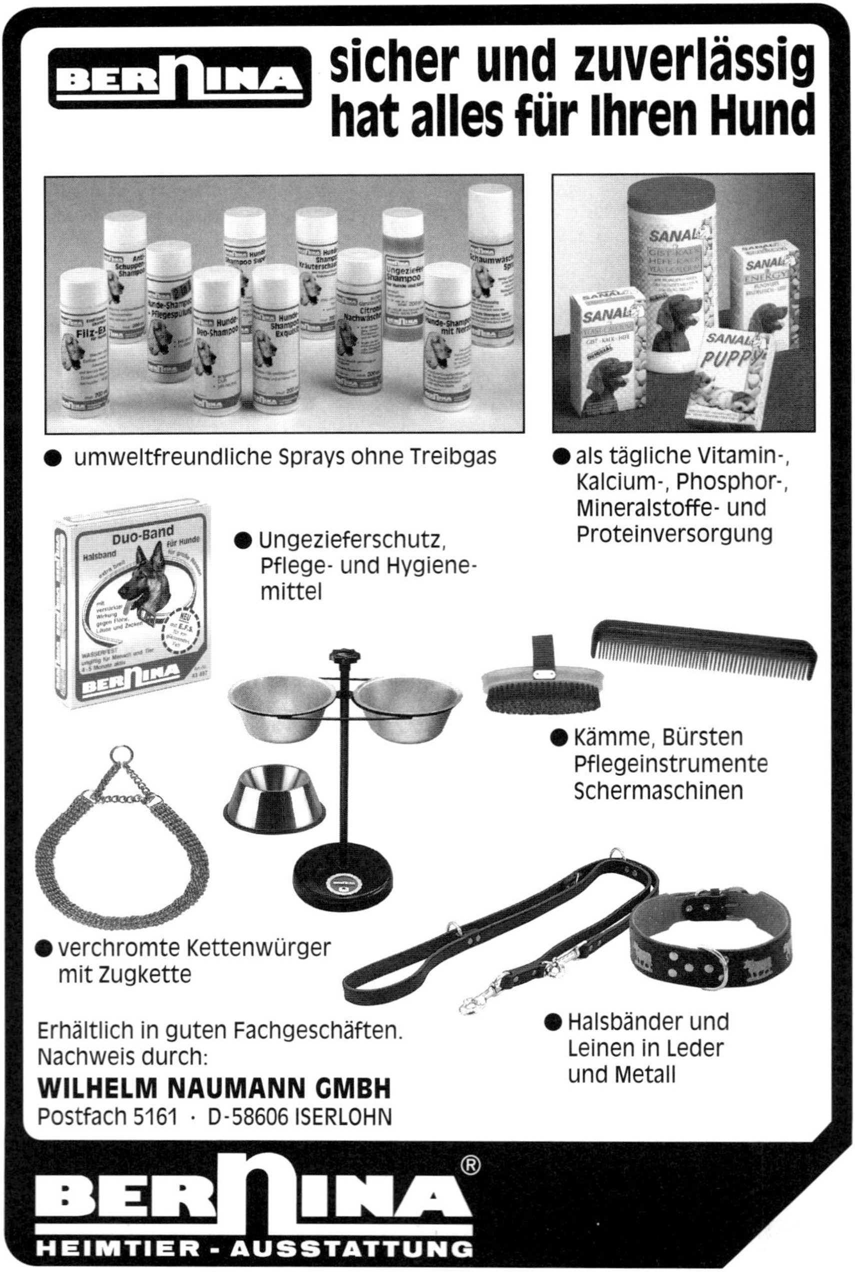
BERNINA
sicher und zuverlässig
hat alles für Ihren Hund
umweltfreundliche Sprays ohne Treibgas
als tägliche Vitamin-, Kalcium-, Phosphor-, Mineralstoffe- und Proteinversorgung
Ungezieferschutz, Pflege- und Hygiene-mittel
Kämme, Bürsten Pflegeinstrumente Schermaschinen
verchromte Kettenwürger mit Zugkette
Halsbänder und Leinen in Leder und Metall
Erhältlich in guten Fachgeschäften.
Nachweis durch:
WILHELM NAUMANN GMBH
Postfach 5161 · D-58606 ISERLOHN
BERNINA®
HEIMTIER - AUSSTATTUNG